青春文庫

日本史〝その後〟の運命

本当にあった21のストーリー

新 晴正

青春出版社

はじめに

歴史の表舞台に立ち、一瞬の光芒《こうぼう》を放って消えていった偉人たちのその後の人生を追跡した書物は少なくない。歴史好きであれば、それに関連した逸話の一つや二つ――たとえば、江戸幕府最後の将軍・徳川慶喜《とくがわよしのぶ》は大政奉還《たいせいほうかん》後の余生を、写真撮影や狩猟《しゅりょう》など趣味三昧《ざんまい》で過ごしていた。あるいは明治新政府の「お雇い外国人」として来日したクラーク博士は、アメリカに帰国後、山師《やまし》扱いされて訴訟《そしょう》にも敗れ不遇のうちに病死した、といった類《たぐい》の話をご存じのはずだ。

しかし本書では、あえて人ではなく、〈モノ〉にスポットをあて、ドラマチックなその後に迫った。はじめて本格的な武家政権を開いた源《みなもとの》頼朝《よりとも》が、飛騨《ひだ》の山中に建立《こんりゅう》した巨大寺院のその後。瀬戸内で永《なが》く繁栄を誇った集落「草戸《くさど》千軒《せんげん》」が忽然《こつぜん》と消えた理由とその後。「生類憐《しょうるいあわれ》みの令」廃止後の野犬の収容施設と野犬たちのその後……。これまで類本ではあまり取り上げられることがなかった主題《テーマ》に挑戦している。歴史ファンにとって新たな興味の扉を開く一助となればこれ以上の喜びはない。

二〇二二年三月

新　晴正

日本史〝その後〟の運命■目次

カバーイラスト■Adobe Stock
地図作成■中山デザイン事務所
DTP■フジマックオフィス
協力■カミ通信

仏教伝来で、聖明王から日本に贈られた「百済仏」はどこに消えたか

▼飛鳥大仏が日本最古の仏像？

奈良県のほぼ中央部にある高市郡明日香村《たかいちぐんあすかむら》——。飛鳥《あすか》時代、日本の首都があったところだ。この地にある「安居院《あんごいん》」（通称・飛鳥寺）は、本格的な伽藍《がらん》を備えた日本最初の仏教寺院と言われている。当時の政界の大立者《おおだてもの》であった蘇我《そが》氏の発願《ほつがん》により、推古《すいこ》天皇四年（五九六年）に創建された。

この安居院の御本尊《ごほんぞん》とされているのが、「飛鳥大仏」と通称される釈迦如来坐像《しゃかにょらいざぞう》（重要文化財）である。銅に金鍍金《めっき》を施した金銅《こんどう》製で高さ約二・八メートル。聖徳《しょうとく》太子《たいし》が同十三年（六〇五年）に渡来系の仏師に命じて造らせた、日本最古の仏像と

言われている。平安時代と鎌倉時代の二度、落雷火災によって本堂は焼失したが、大仏だけは奇跡的にそれを免《まぬか》れ、千四百年たった今日でも飛鳥の地に鎮座《ちんざ》し、造立《ぞうりゅう》当時と変わらない威厳《いげん》と慈悲《じひ》を漂わせた表情をわれわれに見せてくれている。

ところで、この飛鳥大仏のことを日本最古の仏像だと紹介したが、この件に関して異論がないわけではない。それが、六世紀半《なか》ばの欽明《きんめい》天皇の御代《みよ》、朝鮮半島の百済《くだら》国を通じて仏教が初めてわが国に伝わった際、百済国の聖明王《せいめいおう》から欽明帝に経《きょう》典《てん》と一緒に天竺《てんじく》（インド）で造られた金銅仏（通称百済仏《くだらぶつ》）が贈られており、その仏像が真に最古のものだという。では、それは今日、どこにあるのだろうか？

▼仏教の受容をめぐり二大豪族が火花

わが国に大陸から仏教が伝来したのはいつのことだろう。これについて有力な説が二つあり、『日本書紀』では欽明帝の壬申年《じんしんねん》（五五二年）のことだとしているが、『元興寺縁起《がんごうじえんぎ》』という史料はそれよりも十四年古い、同じ欽明帝の戊午年《ぼごねん》（五三八年）のことだとしており、どちらかに軍配が上がっているわけではない。なお『元興寺縁起』の元興寺とは飛鳥寺の別称だ。

いずれにしろ六世紀半ばに仏教がわが国に伝わったわけで、以来、仏教は日本人の文化や精神世界に深く入り込んでいくことになる。

この大陸から伝わった新しい宗教をめぐっては、当時の二大豪族（蘇我氏と物部《もののべ》氏）の間で受容するか撥《は》ねつけるか、激しい対立があったことはよく知られている。

当初、仏教の教えに触れて感動した欽明帝だったが、独断で受け容《い》れを決定するわけにもいかず、群臣に意見を求めた。すると有力豪族の一氏で渡来系の蘇我稲《いな》目《め》・馬子《うまこ》父子《おやこ》が、「ほかの国々が信仰しているのに、わが国だけが拒《こば》むのはおかしい」と受容賛成を唱える。それに対し、蘇我氏とは対立関係にあった物部尾輿《おこし》・守《もり》屋《や》父子は「蕃神《となりのくにのかみ》を礼拝すれば国神《くにつかみ》の祟《たた》りを招く」と反発して譲らなかった。

そうこうするうち、全国的に疫病《えきびょう》（天然痘《てんねんとう》か）が蔓延《まんえん》したことから、物部父子は「疫病は仏教を受け容れようとしたのが原因」と声高《こわだか》に叫び、蘇我氏が造らせた伽藍に火を放ち、聖明王から贈られた仏像を奪い、堀に投げ入れてしまった。

▼仏像は遠く信濃国へと運ばれる

このときの仏像が棄《す》てられたのは、『日本書紀』の記述によれば「難波《なにわ》の堀江《ほりえ》」

と呼ばれる、大阪湾に通じていた運河だったという。そこが現在のどこなのかはっきりしていないが、一説に、大阪市西区北堀江にある和光寺《わこうじ》のあたりだと言われている。

のちに信濃国《しなののくに》（長野県）国司《こくし》（中央から派遣された県知事）の従者で本田善光《ほんだよしみつ》という者が、推古天皇八～十年（六〇〇～六〇二年）ごろ、主人の供で奈良の都に上った。途中、善光は通りかかった池の中に仏像が沈んでいるのを発見する。このときの仏像が、まさに物部氏によって打ち棄てられた百済仏だという。

この〝事件〟がきっかけとなり、池の中から阿弥陀如来像《あみだにょらいぞう》が出てきたというので、その池は「阿弥陀池」と呼ばれ、池の周辺一帯は霊場とされた。さらに時代はずっと下って江戸の元禄期になると、阿弥陀池のそばに寺院が建立《こんりゅう》された。それが和光寺である。

本田善光によって拾われた百済仏のその後だが、善光は信濃国まで持ち帰り、堂宇《どうう》を建てて像をお祀《まつ》りした。やがてその堂宇が今日の善光寺につながったのだという。そう、牛にひかれて……の、あの善光寺である。寺の名は、仏像の発見者である本田善光から取ったことは言うまでもない。こうして百済仏は善光寺の御本尊となった。伽藍が造営されたのは、皇極《こうぎょく》天皇三年（六四四年）のこととされている。

こうした本田善光が登場する善光寺の由来は、鎌倉時代に成立したとみられている霊験譚《れいげんたん》『善光寺縁起《えんぎ》』が基になっている。そのほかに客観的な史料が見つかっていないことから、この由来、どこまでが真実か大いに疑問が残るところだ。

▼歴史上、ただ一人実見した人物とは

ところで気になるのが、善光寺の御本尊となった百済仏の詳細だが、一体どんな御姿《おすがた》をしているのだろうか。それについては、善光寺側で「絶対秘仏」としており、寺の住職ですら拝見することがかなわないという。

今日、同寺では七年に一度、御本尊の御開帳《ごかいちょう》が行われているが、それは前立本尊《まえだちほんぞん》――御本尊の前に祀られる御身代《おみが》わりであって、本物の御本尊とは違う。こちらは「一光三尊《いっこうさんぞん》」と呼ばれる、三体一組の尊像が一つの光背《こうはい》を背負った仏像形式が採用されている。御身代わりと言っても、鎌倉時代の作（金銅製）で、国の重要文化財にも指定されている名品だ。

しかし、歴史上、この御本尊をただ一人実見した人物がいた。それが、天台座主《てんだいざす》も務めた敬諶《けいたん》という高僧で、江戸時代の元禄《げんろく》五年（一六九二年）のことである。当時、善光寺の御本尊を騙《かた》る偽物が出現したため、どうしても本物を検分する必要に迫られ、幕府側用人・柳沢吉保《やなぎさわよしやす》の仲介で敬諶にその大役が回ってきたという次第。

敬諶の検分の結果、当初の予想通り御本尊は一光三尊形式で、中央に阿弥陀如来、向かって右側に観音菩薩《かんのんぼさつ》、左側に勢至菩薩《せいじぼさつ》が一つの光背の中に収まっていた。全体重量は六貫《かん》三百匁《もんめ》（約二十四キログラム）、中尊（阿弥陀如来像）は高さ一尺五寸（約四十五センチメートル）と報告されている。

▼物部氏と信濃の結び付きとは？

それにしても、難波（大阪）の池に沈んでいた仏像が偶然見つかり、それがはるばる信濃まで運ばれたとは、ちょっと信じ難い話だ。第一、なぜ信濃でなければいけなかったのか。その謎を解くには物部氏と信濃の結び付きを知る必要があるという。

元々、物部氏が大伴《おおとも》氏と並ぶ有力軍事氏族として中央政界で隆盛を誇っていたころ、信濃には物部氏の広大な支配地があり、そこでは軍馬が飼育されていた。物部氏が蘇我氏との政争（丁未《ていび》の乱、物部守屋の変とも＝五八七年）に敗れた際には、物部方の生き残った人々が大勢この信濃に逃げ込んできたという。

そのときの物部氏の一族郎党が、乱で戦死した物部守屋の霊魂を祀るために建立したのが、善光寺だとする説がある。それを証明するのが、本堂に立つ、一般の民家の大黒柱に相当する「守屋柱《もりやばしら》」と名付けられた角柱の存在だ。

善光寺には、史家を悩ませ続けるいくつかの謎が存在する。なぜ無宗派の単立寺院なのかに始まり、本堂を上から見ると鐘《かね》をつく撞木《しゅもく》のようなT字形をしているのはなぜか――など。この守屋柱に関する謎もそのうちの一つである。

善光寺の本堂は江戸時代中期仏教建築を代表する大伽藍（国宝）である。この本堂は全部で百八本もの太い柱によって支えられているのだが、このうち守屋柱は内々陣と呼ばれる本堂最奥の祭壇の中央部に立っている。ほかの柱のすべてが丸柱なのに対し、この一本だけがなぜ角柱でできているのかはわかっていない。

▼本当に廃仏派の物部氏が建立したのか？

それはともかく、この守屋柱の左側に本来は祭壇の中央にあるべき御本尊が鎮座《ちんざ》し、柱の右側に本田善光の家族像があるという配置だ。つまり、本堂で御本尊に手を合わせた人は、われ知らず守屋の霊魂が宿るとされる守屋柱にも祈ったことになるのだ。

このことから善光寺という寺院は、物部守屋のための「鎮魂《ちんこん》施設」であるという説が生まれたのである。

——ところがである。よく考えてほしい。物部氏というのは廃仏《はいぶつ》派、すなわち仏教を嫌っていた人たちの一族だ。そんな彼らが阿弥陀仏像を祀った仏教施設でわが主人を慰霊しようとするだろうか。

この疑問に対する回答として導き出されたのが、「怨霊《おんりょう》封じこめ説」である。つまり、守屋を滅ぼした蘇我氏が、怨《うら》みをのんで亡くなった守屋の怨霊が自分たちに祟《たた》ることを恐れ、その怨霊封じのために建立したのが善光寺だという説である。

上御霊《かみごりょう》神社、北野天満宮……などなど、その時々の権力者が、怨霊を鎮《しず》めるために建立したとされている神社仏閣は枚挙《まいきょ》にいとまがない。善光寺もその一つだというのだ。

◇

善光寺には昔から、守屋柱の台座下に物部守屋の首が埋まっているという伝説がある。もしも本当に守屋の首が埋まっていて、それが伽藍の大黒柱で押さえ付けられているとすれば、多分に呪術《じゅじゅつ》的だ。これ以上の怨霊封じがあろうか。

そうなると、守屋と敵対した蘇我氏が善光寺を建立したということになるのだが、如何《いかん》せん、蘇我氏が善光寺を建立したという明確な証拠は見つかっていない。

はたして善光寺とは、物部一族が守屋の霊を慰《なぐさ》めるために建立した鎮魂の施設なのか、それとも蘇我氏が守屋の怒りを押さえこむために建立した怨霊封じの施設なのか――その答えは尺五寸の御本尊だけが知っているのかもしれない。

飛騨の山中に源頼朝が建立した「巨大寺院」のその後

▼〝頼朝の寺〟をめぐる謎

源氏《げんじ》の棟梁《とうりょう》、源《みなもとの》頼朝《よりとも》が鎌倉で幕府を開いたとき、頼朝は実に多くの寺社をこの鎌倉周辺に建立《こんりゅう》していた。その中でも、鶴岡八幡宮《つるがおかはちまんぐう》、勝長寿院《しょうちょうじゅいん》、永福寺《ようふくじ》は「頼朝の三大寺社」と呼ばれている。

鶴岡八幡宮は、鎌倉を観光した人であれば、「鎌倉八幡宮」の名前でもおなじみだろう。康平《こうへい》六年（一〇六三年）、河内《かわち》国（大阪府の南東部）を本拠地とする河内源氏二代目の源頼義《よりよし》が、京都の石清水《いわしみず》八幡宮を勧請《かんじょう》して創建した鶴岡若宮《わかみや》を前身とする。以来、関東武士の守り神として永《なが》く崇敬《すうけい》を集めた。

一方、残った勝長寿院と永福寺だが、二つとも現存はしていない。勝長寿院は文《ぶん》治《じ》元年（一一八五年）、頼朝が父義朝《よしとも》の菩提《ぼだい》を弔《とむら》うために鶴岡八幡宮の近くに建立した寺。のちに火災で焼失した。永福寺は、頼朝が文治五年に行った奥州平泉《おうしゅうひらいずみ》攻めの後で建立した寺。鶴岡八幡宮の北東方向（つまり鬼門《きもん》）にあったところから、頼朝の平泉攻めで滅ぼされた弟義経《よしつね》や奥州藤原氏の怨霊《おんりょう》封じと鎮魂《ちんこん》が目的だったと見られている。こちらものちに焼失した。

さて頼朝は、こうした本拠地の鎌倉だけでなく、鎌倉から見ればかなり遠方の、飛騨《ひだ》山中の奥深くに巨大な寺院を建立していたという伝承《でんしょう》があることをご存じだろうか。それこそが、現在の岐阜県下呂《げろ》市御厩野《みまやの》に一七世紀後半まで存在したとされる、天台宗・鳳慈尾山大威徳寺《ほうじびざんだいいとくじ》である。なぜ頼朝はそんな人も通わぬ山中に巨大寺院を建てる必要があったのだろうか。

▼三つの国が交わる所に存在した

岐阜県はその昔、北部を飛騨国、南部を美濃《みの》国と南北二つに行政区分されていた。その国境《くにざかい》にあって、しかも東が信濃《しなの》国（長野県）に隣接するという、いわゆる三国境《さかい》の山中に存在したのが、大威徳寺である。

日本三名泉の一つにも数えられる下呂温泉の市街地から東南に直線距離で十キロメートルほど進んだ、舞台峠《ぶたいとうげ》近くの標高七百四十メートルの山中にあったとされ、昔から近隣に集落が少ないため、仏道修行に勤《いそ》しむにはまたとない場所だった。

この大威徳寺、頼朝が鎌倉に幕府を開いたとき、頼朝の命を受けた永雅上人《えいがしょうにん》(人物像は未詳)が創建したという伝承が地元にある。そのことを書物に記録したのが、江戸幕府八代将軍・徳川吉宗《とくがわよしむね》の時代に飛騨高山の代官を務めた長谷川忠崇《はせがわただたか》という人物。忠崇は高山に赴任《ふにん》して飛騨地方の歴史をまとめた本『飛州志《ひしゅうし》』を著《あらわ》しており、その中に頼朝が創建した寺であるとの地元の伝承を書きとめていた。

なお、同時期に書かれた『飛騨国中案内』には、頼朝と関係が深かった文覚上人《もんがくしょうにん》が建立したという異説があることを付記しておく。

それはともかく、永雅が寺院の建立に適した場所を探していて、たまたまこの地を訪れて霊感を得、ここに定めたのだという。ちょっと信じ難《がた》い話だが、創建に関して信頼できる史料が見つかっておらず、こうした伝承に頼らざるを得ないのが残念なところだ。建立時期だが、建久《けんきゅう》五~六年(一一九四~九五年)頃と見られている。

▼実際に住んでいた僧侶が書き残す

寺院が存在した頃の様子を伝える史料としては、この大威徳寺に実際に住んでいたこともある多聞坊慶俊《たもんぼうけいしゅん》という僧侶が、天正《てんしょう》十五年（一五八七年）に経典《きょうてん》の裏に書き残したものがある。それには、

「大威徳寺の本尊《ほんぞん》は大威徳明王《みょうおう》（筆者注＝五大明王の一つ）。鎮守《ちんじゅ》は伊豆、箱根、熊野、白山《はくさん》の四神。その伽藍《がらん》（同＝寺院の建物）はといえば、本堂のほかに地蔵堂、大黒堂《だいこくどう》、講堂、拝殿《はいでん》、鐘楼《しょうろう》、仁王《におう》堂などがあり、さらに周辺に東坊《ひがしのぼう》、多聞坊、聖《せい》林坊《りんぼう》、竹林坊《ちくりんぼう》、西坊《にしのぼう》など十二の坊院（同＝僧侶の住まい）があった」と記されていた。

現在、この場所にはかつて大寺院があったことを想像させる礎石《そせき》が多く見つかっているものの、堂宇《どうう》の類《たぐい》は残っていない。昭和三十四年（一九五九年）に岐阜県の史跡に指定されてからは地道な保護活動が続けられ、その後平成十五年（二〇〇三年）になって初めて下呂市教育委員会の手で本格的な発掘調査が行われた。

この調査は四年間に及び、建物跡や石段、排水溝などのほか、陶器中心に約三千

点の遺物が出土している。礎石から類推《るいすい》される全体の寺域《じいき》は十ヘクタール近く（東京ドームのほぼ二倍の広さ）にも及ぶことがわかったという。

山中や国境に建てられた寺院はほかに例がないわけではないが、これほど大規模で遺構がしっかり残っている例は全国的にも稀《まれ》だという。

▼戦禍と地震によって壊滅状態に

この大威徳寺、一四〜一五世紀の室町時代に最盛期を迎えたと見られているが、戦国乱世に突入すると突然悲劇に見舞われる。東美濃の遠山氏と飛騨の三木氏との間の合戦に巻き込まれ、堂宇の大半が焼失してしまった。

この「大威徳寺の戦い」の年代は特定されておらず、天文《てんぶん》十四年説（一五四五年）、弘治《こうじ》二年説（一五五六年）、永禄《えいろく》三年説（一五六〇年）、永禄十二年説（一五六九年）などがあがっている。

こうして戦禍《せんか》ですっかり荒廃《こうはい》した大威徳寺だったが、やがて致命的な災厄《さいやく》に見舞われてしまう。その災厄こそが、安土桃山《あづちももやま》時代の天正十三年十一月二十九日（一五八六年一月十八日）に発生した「天正大地震」である。

この地震の被害は本州を縦に分断するかのように日本海の若狭湾《わかさわん》から太平洋の三河湾《みかわわん》にまで及んだ。当時、たまたま琵琶湖《びわこ》近くの坂本城にいた豊臣秀吉《とよとみひでよし》は大きな揺れで思わず腰を抜かしてしまい、尻に帆《ほ》をかけ大坂城に逃げ帰ったほどだった。

この大地震によって大威徳寺はほぼ壊滅《かいめつ》状態となった。伝承ではその後も細々と法灯《ほうとう》を絶やさなかったようだが、一七世紀後半までに完全に廃寺《はいじ》となったらしい。こうして飛騨屈指の大伽藍を誇った大威徳寺は歴史の闇《やみ》に埋もれることになった。

▼なぜ飛騨に鎮魂の施設を？

それにしても、源頼朝はなぜこんな辺鄙《へんぴ》な山中に巨大寺院を建立したのだろうか。そこには近隣に何か特別なものがあるわけではない。しいてあげれば、美濃と飛騨を結ぶ古い街道が通っているくらいである。

頼朝は当時、幕府を開いて間もない頃だ。となれば、いの一番に源氏政権が子々孫々まで継承《けいしょう》されることを願ったはずだ。そのためには、何をおいてもこれまで自分が滅ぼした人たちの魂《たましい》が怨霊となって源氏一族に祟《たた》りをなさないよう、鎮魂の施設を考えたはずである。そう、弟義経と奥州藤原氏の怨霊を封じこめるため鎌倉に永福寺を建立したのと動機は同じだったに違いない。

そうなると寺の場所から考えて祀《まつ》る相手は自然、京都を本拠地とした平氏《へいし》一族の霊ということになるのだろうが、その鎮魂の施設がなぜ飛騨の山中でなければいけなかったのか、肝心のことがわからない。

この大威徳寺のことは、鎌倉幕府の正史とされる『吾妻鏡《あづまかがみ》』の中に一切出てこないという。頼朝が建てたものであれば、触れられていて当然のはずなのに、である。ということは、大前提――つまり頼朝が創建したという地元の伝承そのものを疑ってかかる必要があるのだろうか。謎は深まるばかりだ。

◇

もっとも、『吾妻鏡』は鎌倉時代末期に成立しており、編纂《へんさん》当時の権力者である北条得宗家《ほうじょうとくそうけ》の側からの記述であることが指摘されている。となれば、頼朝の息がかかった大威徳寺の存在が北条得宗家にとっては何らかの理由で目障《めざわ》りに感じ、『吾妻鏡』から意図的に外したのだという考えも生まれてくる。

頼朝が本当に大威徳寺を建立したとすれば、その目的と、なぜ飛騨の山中を選んだのか、歴史家の新説を待ちたいと思う。

織田信長が安土城の建設で山頂まで運ばせた「蛇石」の行方

▼総石垣造りの壮麗な安土城

本稿では、戦国の風雲児・織田信長《おだのぶなが》と「石」とのかかわりについて、いろいろと述べてみたい。

戦国武将のなかで信長ほど石とのかかわりが深い武将もいなかった。たとえば、信長が天下布武《ふぶ》の象徴として築いた城に琵琶湖《びわこ》東岸の安土城《あづちじょう》があるが、この城は強固な総石垣でできていた。

当時、総石垣の城がまったく存在しないわけではなかったが、信長以前の中世城郭《じょうかく》は、ほぼ土塁《どるい》だけで造られた山城が中心だった。そこに突如として総石垣と本格的な天主《てんしゅ》（安土城のみ天守をこう表記）を備えた壮麗《そうれい》な巨大城が出現したものだから、その他の戦国武将たちはわれもわれもとそれを模倣《もほう》するようになり、以来、城と言えば総石垣と天守の組み合わせが当たり前となったのである。

ほかにも信長と石とのかかわりを語る以上、「蛇石《じゃいし》」と「盆山《ぼんさん》」のことに触れる必要があるだろう。

どちらも安土城に関係した石で、蛇石は城の建築中に安土山の山頂まで引き上げられたとされている巨石だが、その後行方《ゆくえ》不明となり、今日までその在《あ》り処《か》がつかめていない。盆山は安土城の城郭内に信長が自らの菩提寺《ぼだいじ》として建立《こんりゅう》した摠見寺《そうけんじ》の中に飾られていて、信長がそれを自分の化身と思って崇《あが》め敬《うやま》うようにと人々に命じた石のことだ。この盆山も城が炎上したときに行方不明となってしまった。

以下でこの二つの石の行方について推理してみたい。

▼琵琶湖の北西から船で運ばれた？

まず蛇石から。蛇石は「じゃいし」、あるいは「へびいし」とも呼ばれる巨石だ。もともと信長の甥《おい》で、安土城築造に当たっては総普請奉行《そうふしんぶぎょう》の丹羽長秀《にわながひで》の下で働いた津田信澄《つだのぶずみ》が、どこかから安土まで運んできたものだという。一説に、当時、信澄が支配を任されていた琵琶湖北西岸の高島で産出した石で、高島から琵琶湖を横断する形で安土まで筏《いかだ》を利用して運搬されたのではないかという。

このときの普請では、石垣を造るために大量の石が必要になり、周辺にある観音寺山や長命寺山、長光寺山などから何千という大小の石が運ばれたことが、『信長《しんちょう》公記《こうき》』に記録されている。蛇石もそのうちの一つだった。

それにしても蛇石は一個の石としてはあまりにも巨大だった。織豊《しょくほう》時代の覚書《おぼえがき》『武功夜話《ぶこうやわ》』には全長五間有余（九メートル強）と記録されているところから、現代の標準的なビルの三階にも届くほどの大きさだったことがわかる。

この巨石、『信長公記』には「蛇石という名石にて……」と紹介されており、そのことから推《お》して、当時すでに世に聞こえた存在だったことがわかる。命名の由来ははっきりしないが、おそらくは石の表面に蛇の模様でも浮かんでいたからであろう。

信長はそんな巨石を標高二百メートル弱の安土山の頂上に引き上げようとしたのだ。信長にすれば、それによって自らの並ぶ者なき威勢を満天下に示し、同時に空前絶後の巨大建築・安土城の存在価値をより高めたいと考えたのであろう。

▲織田信長《おだのぶなが》、安土《あづち》から天下を窺《うかが》う
信長は京都に近く、琵琶湖《びわこ》の水運も利用でき、加えて北陸街道から京への要衝《ようしょう》に位置していたことから、この安土に居城を構えたと言われている。

▲江戸城と大坂城の天下普請《てんかぶしん》ではどこの石材が使われた？
各地の大名は城を普請する際、それぞれ自領から石材を調達したが、徳川家康《とくがわいえやす》が行った江戸城と大坂城の天下普請においては、大量の石材が必要になったため、遠方から最高級品を調達した。江戸城の場合、伊豆半島全域と小田原周辺から、大坂城の場合、瀬戸内海の小豆島《しょうどしま》を中心とした備《び》讃《さん》諸島と六甲山《ろっこうさん》から多く運搬された。

▼秀吉が「急がば回れ」と進言

最初、津田信澄が采配《さいはい》を振るって山頂まで運ぼうとしたようである。しかし、どうにかこうにか安土山の麓《ふもと》まで運んだものの、勾配《こうばい》がきつくなると一転、地面にピタッと張り付いたかの如く一寸たりとも動かなくなってしまった。

そこで信長は、丹羽長秀と羽柴秀吉《はしばひでよし》、滝川一益《たきがわかずます》の三人に助勢を命じ、結局、巨石とはいえたかだか石一個のために一万人もの人手をかき集めて引き上げさせることにしたのである。

信長は準備が整うと自ら蛇石に上がって、十本余りの太綱に取りすがる大勢の人たちを鼓舞《こぶ》した。そのいでたちはと見れば、南蛮渡来《なんばんとらい》の緋羅紗《ひらしゃ》の陣羽織《じんばおり》を身にまとった、まことに派手やかなものだったという。ところが、引き上げ作業は夜を徹して行われたにもかかわらず、はかばかしい成果を得られなかった。

今まさに癇癖《かんぺき》の強い信長の怒りが沸点に達しようとしたとき、秀吉が御前に進み出て、こう進言した。「急峻《きゅうしゅん》な坂道は避け、遠回りでも勾配の緩《ゆる》やかな進路を選んだほうが賢明でありましょう」。

この秀吉の提案が採用され、山中に新たな進路が開かれた。このとき蛇石は修羅《しゅら》と呼ばれる、大石や木材を運ぶための木製の大型橇《そり》にのっていたのだが、この橇を進みやすくするため進路に樫《かし》の丸太を並べ、その上にたっぷりの油が塗られた。これにより修羅の抵抗が軽減され、さしもの巨石もゆっくり動き出したという。

▼蛇石の引き綱が切れて大惨事に

ところがである、これほどの苦労をして山頂まで運搬した蛇石だったが、その後、忽然《こつぜん》と消えてしまったのだ。『信長公記』に、「一万余の人数を以《もっ》て、夜昼三日に上せられ候《そうろう》」と明記されているため、昼夜兼行の三日間で山頂まで運ばれたことは間違いのないところだ。

運搬途中に、太綱が切れて蛇石が横滑りし、百五十人余もの人々が圧死したと、当時、日本に滞在していたイエズス会宣教師のルイス・フロイスが記録している。フロイスはその大石のことを「蛇石」であるとまで明言していないが、前後の記述から判断して、その大惨事を招いたのは蛇石で間違いないだろう。

しかし、この事故のことはなぜか『信長公記』には書かれていない。本書はあくまでも信長の功績を称えるためのものであって、信長のイメージを悪くする、このような事故は意図的に伏せられたのであろう。

そんな不幸な事故を乗り越えて、ようやく山頂まで運搬されたはずなのに、蛇石は一体どこへ消えてしまったのだろうか。

信長がなぜ蛇石を山頂に上げようとしたのか、その真意は伝わっていないが、おそらくは天主の礎石《そせき》（建物の基礎となる石）にする腹積りだったのだろう。しかし、近年、滋賀県のほうで何度も安土城の発掘調査が行われているが、山頂周辺の地表は言うに及ばず、土中にもそのような大石が埋まっていたという発表はついぞ聞かない。

▼石仏や墓石まで建築資材に流用

むろんのこと、苦労して引き上げたものを山から下ろすような馬鹿げたことはしないはずだ。また、のちに明智光秀《あけちみつひで》の謀叛《むほん》によって安土城天主は炎上してしまうのだが、その際、蛇石が跡形もなく焼失したとも考えにくい。

ここは単純に、蛇石を石工《いしく》たちが「細かく砕いてしまった」と考えたほうが、最も論理的な解答になるのではないだろうか。

　安土城の建築に乗り出した天正四年（一五七六年）前後の信長というのはその生涯で最も敵が多いころでもあった。前年に甲斐《かい》の武田勝頼《たけだかつより》を「長篠《ながしの》の戦い」で破った信長には、大坂の石山本願寺、京都から追放した足利《あしかが》将軍、越後《えちご》の上杉謙信《うえすぎけんしん》、中国の毛利《もうり》勢――など右を向いても左を向いても敵ばかりだった。

　そのため、自らの活動の拠点となり、天下布武の象徴ともなる安土城を一日でも早く完成させる必要があったのだ。

　信長が安土城の建築を急がせた証拠と思われるのが、石垣や石段、石畳に利用された石仏や石灯籠《どうろう》、墓石の類《たぐい》だ。これらは周辺の神社仏閣から有無を言わせず強奪《ごうだつ》してきたものだった。当時造られた城で安土城同様、墓石などを建築資材として流用した例がないわけではないが、安土城の場合はそれが多すぎるという。これらは今日、城址《じょうし》を歩けばいくらでも散見できる。

▼背に腹はかえられず細かく砕いた？

　現代のわれわれにはとても罰当《ばちあ》たりなことのように思えるが、この当時の人々は現代人より何倍も神仏を畏《おそ》れ敬《うやま》う気持ちが強かったはずだ。それでもそれをやらざるを得なかったのは、それだけ信長が城の完成を急がせたからにほかならなかった。

当初は蛇石を天主の礎石にする腹積りの信長だったが、途中でどうしても石材が足りないことがわかり、背に腹はかえられず、山頂に引き上げたばかりの蛇石を石工に命じて細かく砕かせ、石垣などに流用させたのだ。このあたり、いかにも合理主義者の信長らしい。これが、山頂に引き上げられたはずの蛇石がその後消失してしまった真相であろう。

信長にすれば、世に知られた五間有余の巨石を、織田信長という、このところ日の出の勢いの武将が一万人もの人手を動員して安土山の頂《いただき》まで運搬したという事実が知れ渡るだけでよかったのかもしれない。

それによって、自らの権力の大きさを世に喧伝《けんでん》するまたとないきっかけになったからだ。こうして蛇石は、信長の天下統一計画に貢献した一つの道具としてとことん利用され尽くしてその役割を終えたのだった。

冒頭で述べた「盆山」については次稿にゆずりたい。

織田信長が自らの化身とした「盆山」をめぐる謎の結末

▼菩提寺に「神」として飾られる

前稿では信長が築いた安土城《あづちじょう》にあったとされる巨石「蛇石《じゃいし》」の行方《ゆくえ》について述べた。ここでは同じ安土城内に飾られていた「盆山《ぼんさん》」と呼ばれた石の行方について考えてみたい。

前稿で述べたように盆山は、城郭《じょうかく》内に信長が自らの菩提寺《ぼだいじ》として建立《こんりゅう》した摠見寺《そうけんじ》に飾られていて、信長がそれを自分の化身と思って崇《あが》め敬《うやま》うようにと人々に命じたことでも知られる石である。

なぜ信長ともあろう怜悧《れいり》な合理主義者が、このような突拍子《とっぴょうし》もないことを言い出したのであろうか。さらに、この盆山、明智光秀《あけちみつひで》が起こした「本能寺の変」によって天主《てんしゅ》が焼失した際、摠見寺の建物は焼けなかったにもかかわらず、なぜかどこかに消えてしまったのだ。そのあたりの謎も含めて以下で解いていくことにしよう。

▼徳川幕府の庇護を受けて法灯を伝える

摠見寺は安土城の築造にあわせて創建された臨済宗《りんざいしゅう》妙心寺《みょうしんじ》派の寺院である。山号は遠景山《えんけいざん》。城郭内に本格的な堂塔伽藍《どうとうがらん》を備えた寺院がある城は後にも先にも安土城だけだという。

現在、寺の本堂（仮本堂）は天主跡のほぼ真南に位置しているが、創建当時は天主を中心にして南西方向にあった。そこは城と城下町をつなぐ接点のような場所（「百々橋口道《どどばしぐちみち》」と呼ばれた）で、この摠見寺の境内《けいだい》を抜けて、さらに織田信忠《のぶただ》（信長の嫡男）邸のそばを通らなければ天主に近付けないようになっていた。

本能寺の変で天主は焼失したが、摠見寺は類焼を免《まぬか》れ、江戸期に入っても徳川幕府の庇護《ひご》を受けて法灯を伝えた。ところが幕末の安政《あんせい》元年（一八五四年）十一月、火災により本堂など主要な建物を失ってしまう。

この火災をきっかけに、大手門近くにあったとされる徳川家康《とくがわいえやす》邸跡地に仮本堂が建てられ、現在に至っている。元の本堂跡地には現在、礎石《そせき》のみが残っている。

歴代の住職は織田氏一族から選ばれるのが慣例だった。江戸時代には同寺で信長の年忌《ねんき》法要が執《と》り行われており、天和《てんな》元年（一六八一年）に百回忌、享保《きょうほう》十六年（一七三一年）に百五十回忌、天明《てんめい》元年（一七八一年）に二百回忌、天保《てんぽう》三年（一八三二年）に二百五十回忌が営まれたと記録されている。

▼盆山は最初、天主に飾られていた？

摠見寺が創建された当時、本堂の二階に、それもわざわざ一階の御本尊《ごほんぞん》（十一面観世音菩薩立像《かんぜおんぼさつりゅうぞう》）の真上に安置されていたのが、今回の主題《テーマ》の盆山である。

盆山とは、文字通りお盆の上に土や砂、石、草木などを配置して自然の景色をつくり、その風趣《ふうしゅ》を愛《め》でる伝統芸術の一つ。盆石、盆庭、盆景と呼ばれることもある。中国で始まり、日本には鎌倉時代に伝わったらしい。特に室町時代から江戸時代にかけて、茶の湯や生け花とともに風流な嗜《たしな》みとして上流階級に親しまれた。

戦国武将の中では徳川家康と伊達政宗《だてまさむね》が盆山に凝っていたことが知られている。

江戸時代後期になると、この盆山から派生して、景色の中にミニチュアの人形や舟などを加え、より実景に近付けた「箱庭」が生まれている。

さて、摠見寺に飾られた盆山に話を戻すが、『信長公記《しんちょうこうき》』によると盆山は最初、天主が完成した時点では天主一階の書院に飾られていたとある。その後、何らかの理由で摠見寺本堂に移されたわけである。

イエズス会宣教師、ルイス・フロイスの記録によれば、信長は「予自らが神体である」と言い、寺の一番高い所に厨子《ずし》を据え、その中に「自らの化身」と称する一個の自然石——盆山を安置していたとある。

▼フロイスが嘘を書き残した？

さらにフロイスは、信長が自分の誕生日を「聖日」とし、この日は摠見寺に参詣《さんけい》し、自分のかわりに盆山を拝むよう人々に命じたという。そんな信長に対しフロイスは「明晰《めいせき》な知能と優れた理解力を持ち合わせ、神仏や宗教、占いなどを軽蔑《けいべつ》している現実主義者だが、こればかりは狂気の沙汰《さた》である」とも書き残している。

こうした信長と盆山にまつわる話のほとんどがフロイスの記録に基づいており、

日本側の史料に裏付けるものが見当たらないことから、当初はフロイスが宣教師としての自らの立場から無神論者の信長を意図的に貶《おとし》めるために捏造《ねつぞう》した話であると決めつける歴史家も少なくなかった。

ところが、その後、フロイスの記録に関して研究が進むにつれて、一部の誤解や数字の間違いを除いて信憑性《しんぴょうせい》が高いことが証明され、近年では盆山の話に限ってフロイスが捏造したとは考えにくいということで落ち着いている。つまり、この盆山に関してフロイスは自分で見聞きしたことを嘘も誇張もなく記録していたのである。

では、なぜ信長は「予自らが神体である」などと思い上がったことを言い、ただの石ころをあえて御本尊の頭上に置くような乱暴な真似を行ったのであろうか。その疑問に対する解答として戦国史の研究者たちから様々な意見があがっているが、やはり当時の仏教界との確執《かくしつ》がその根底にあったのではないかという。

▼信長を苦しめた二大仏教勢力

信長が安土城の建設に取り掛かったのは「本能寺の変」の六年前、天正《てんしょう》四年

(一五七六年)正月のことである。このころの信長の敵対勢力と言えば、甲斐国《かい》(山梨県)の武田《たけだ》氏、越後《えちご》国(新潟県)の上杉《うえすぎ》氏、丹波《たんば》国(京都府と兵庫県にまたがる地域)の波多野《はたの》氏、但馬《たじま》国(兵庫県北部)の山名《やまな》氏、安芸《あき》国(広島県)を拠点とする中国地方の毛利《もうり》氏——などがいて、四方をぐるりと取り囲まれたような危うい状況だった。

さらに、こうした同列の戦国大名だけでなく、仏教勢力——すなわち全国に信者を抱える石山本願寺《いしやまほんがんじ》も信長にとっては頭の痛い存在だった。当時、石山本願寺と比肩しうる仏教勢力に比叡山延暦寺《ひえいざんえんりゃくじ》があったが、こちらは元亀《げんき》二年(一五七一年)の「比叡山焼き討ち」によって壊滅状態に追い込まれていた。

そのため信長に敵対する仏教勢力はこの時点で一向宗《いっこうしゅう》(浄土真宗《じょうどしんしゅう》)で知られる石山本願寺だけとなっていたのだが、これが手強《てごわ》かった。農民が主力の一向宗徒らは先述の戦国大名と合従連衡《がっしょうれんこう》(結び付いたり離れたりすること)を繰り返しながら、各地で「一揆《いっき》」という形で信長に牙を剥《む》いてきたのである。

こうした一揆勢に対し信長は情け容赦のない殲滅《せんめつ》戦で応じた。ところが、一向宗の影響力はほぼ全国に及んでいたため、一つ潰《つぶ》しても別の場所で新しい一揆が起こるといった具合で、信長をほとほと困らせていたのだった。

▼仏教勢力を支配下に置くために

まさに信長が室町幕府最後の将軍足利義昭《あしかがよしあき》を奉《ほう》じて上洛《じょうらく》した永禄《えいろく》十一年（一五六八年）九月から安土城の建設に着手するまでの約七年間というのは、延暦寺と本願寺という二大仏教勢力との抗争に多くのエネルギーを割《さ》かれた七年間でもあった。

既得権益《きとくけんえき》を振りかざし、政治に何かと口を挟んでくるこれら仏教勢力は信長の最も嫌うものだった。そこで、天下統一を目指すためにはこれを排除するに如《し》かずと考えた信長は、まず元亀元年（一五七〇年）に一向宗の総本山である大坂の石山本願寺の攻略に乗り出し、その翌年に延暦寺を焼き討ちした。

延暦寺のほうはあっさり決着がついたものの、石山本願寺との抗争には苦戦し、相手を屈服させるのに足掛け十一年もかかっている。安土城の建設に取り掛かった天正四年当時というのは本願寺との争いの真っただ中にあったわけである。

このとき、何としても石山本願寺を屈服させたかった信長は、自らが仏教を超越した「神」となり、古めかしい権威に縋《すが》るだけの彼ら仏教勢力を頭から押さえ付け、いずれは自分の支配下に置いてみせる、と満天下に宣言しようとしたのだ。

その決意表明の証《あかし》としてたまたま目をつけたのが、日頃、愛玩している盆山であった。このときもしも、茶器が目に入っていたなら、その茶器が「化身」になっていたはずである。こうした日常ありふれた物を自らの化身として本堂に祀《まつ》らせることで、既成の仏教勢力の権威を笑い飛ばしてやろうと考えたに違いない。

▼本堂と三重塔との位置関係とは?

創建当時の摠見寺は、二階建ての本堂の脇《わき》に三重塔《さんじゅうのとう》が建っていたことがわかっている。こうした三重塔や五重塔などの仏塔《ぶっとう》は、仏舎利《ぶっしゃり》（釈迦《しゃか》の遺骨）、またはその代替物《だいたいぶつ》を祀るために建てられるもので、本来はその寺院で最も崇拝《すうはい》・礼拝の対象となるべき建築物である。

ところが信長は、三重塔の脇にたっぷり盛り土をし、その上に本堂を建てていた。つまり、本堂の二階に据えた自らの化身である盆山から三重塔の天辺《てっぺん》を見下ろせるよう本堂と三重塔を配置していたのだ。このことから言えるのは、信長は自分が「仏を超越した存在である」とアピールしたかったからにほかならない。

――こうして盆山は信長によって仏教勢力を支配下に置くための象徴《シンボル》にされたわけだが、本能寺の変に巻き込まれて天主が焼かれると、摠見寺は類焼を免れたにもかかわらず、その後盆山は忽然《こつぜん》と消えてしまった。その行方については当時の史料にも一切触れられていない。

ただ一つ、盆山の行方に関して有力視されている説がある。安土城二の丸跡にある信長の墓所「織田信長公本廟《ほんびょう》」に置かれた石がそれではないかという説だ。

同墓所は、伝承では本能寺の変の翌年、信長の重臣だった秀吉が造営を命じたもので、信長が生前愛用した佩刀《はいとう》や烏帽子《えぼし》などが埋葬されていると言われている。

▼生前の信長をしのばせる遺品として

墓所は、周囲を石で囲った壇上に同じく石囲いの四角い箱を置いたような二段構造になり、全高は二・五メートルほど。その頂上に長辺が一メートル弱の自然石が一個、漬物石のようにちょこんと載っている。その石がかつて摠見寺に据えられていた盆山ではないかというのだ。

当時の埋葬《まいそう》事情に詳しい歴史家によると、高貴な人が亡くなった場合、石塔が墓として建てられるのが普通で、自然石をそのまま墓にするような非礼なことはまず考えられないという。

あえて自然石がそこに置かれた理由だが、信長廟の造営を差配《さはい》した人（つまり秀吉）にとって、その石が生前の信長をしのばせるのに最もふさわしい遺品だったからにほかならない。そのことはつまり、その石がただの石ではなく、盆山だったことの何よりの証である、というのである。

この説の真偽《しんぎ》の程は定かでない。なぜなら、信長廟の造営を命じた人物は秀吉である、という確たる裏付けが取れていないからだ。

しかしながら、秀吉は信長に心酔しきっていただけに、主君が生前そう願ったように「神」として祀ってあげることが家臣たる者のつとめであると考え、盆石をそこに据えたのではないだろうか。どうもそんな気がしてならない。

本能寺の変後、「織田信長の首」はどこへ行った？

▼それらしき焼死体が見つからず

戦国乱世の覇者《はしゃ》、織田信長《おだのぶなが》が家臣の明智光秀《あけちみつひで》によって討《う》たれた「本能寺の変《ほんのうじのへん》」は日本の歴史上、大きな転換点になったことは誰しも異論を挟まないであろう。もしも信長が光秀の謀叛《むほん》に遭《あ》うことなく、その後も天下人として十年、二十年と生き続けていたとしたら、一体、その後の日本はどうなっていただろうか。戦国史ファンであればそんなことを夢想するだけでも楽しいはずだ。

それはともかく、本稿ではこの本能寺の変において横死を遂げたとされる信長の首の行方《ゆくえ》について考えてみたい。

明智の軍勢が本能寺に突入したのが、天正《てんしょう》十年（一五八二年）六月二日の明け方、午前六時ごろとされている。信長は思わぬ襲撃を受け、暫《しばら》くは少ない手勢にもかかわらず何とか持ち堪《こた》えていたが、八時頃になって観念したらしく、燃え盛る殿中の奥深くに籠《こも》ると、割腹《かっぷく》して果てたとされている。

その後、頃合いを見た光秀は、家来に命じて火を消させると、焼け跡をくまなく探索させた。言うまでもなく、信長の焼死体《しょうしたい》を探すためである。ところが、どれだけ念入りに探し回っても、それらしき死体が見つからなかった。

「もしや落ち延びたのでは……」と疑心暗鬼に駆られる光秀。

しかし、このときは明智の大軍が本能寺を蟻《あり》のはい出る隙間《すきま》もないくらいに取り巻いていたのだ。信長が無事に窮地《きゅうち》を脱したとはとても考えられなかった。では、割腹したのなら焼死体としてきっと残るはずなのに、それが見つからなかったのはなぜだろうか。何者かが首だけでも持ち出したのであろうか――。

▼信長の首を満天下に晒す必要があった

さて、本稿では信長が本能寺において割腹死したという前提で話を進めることに

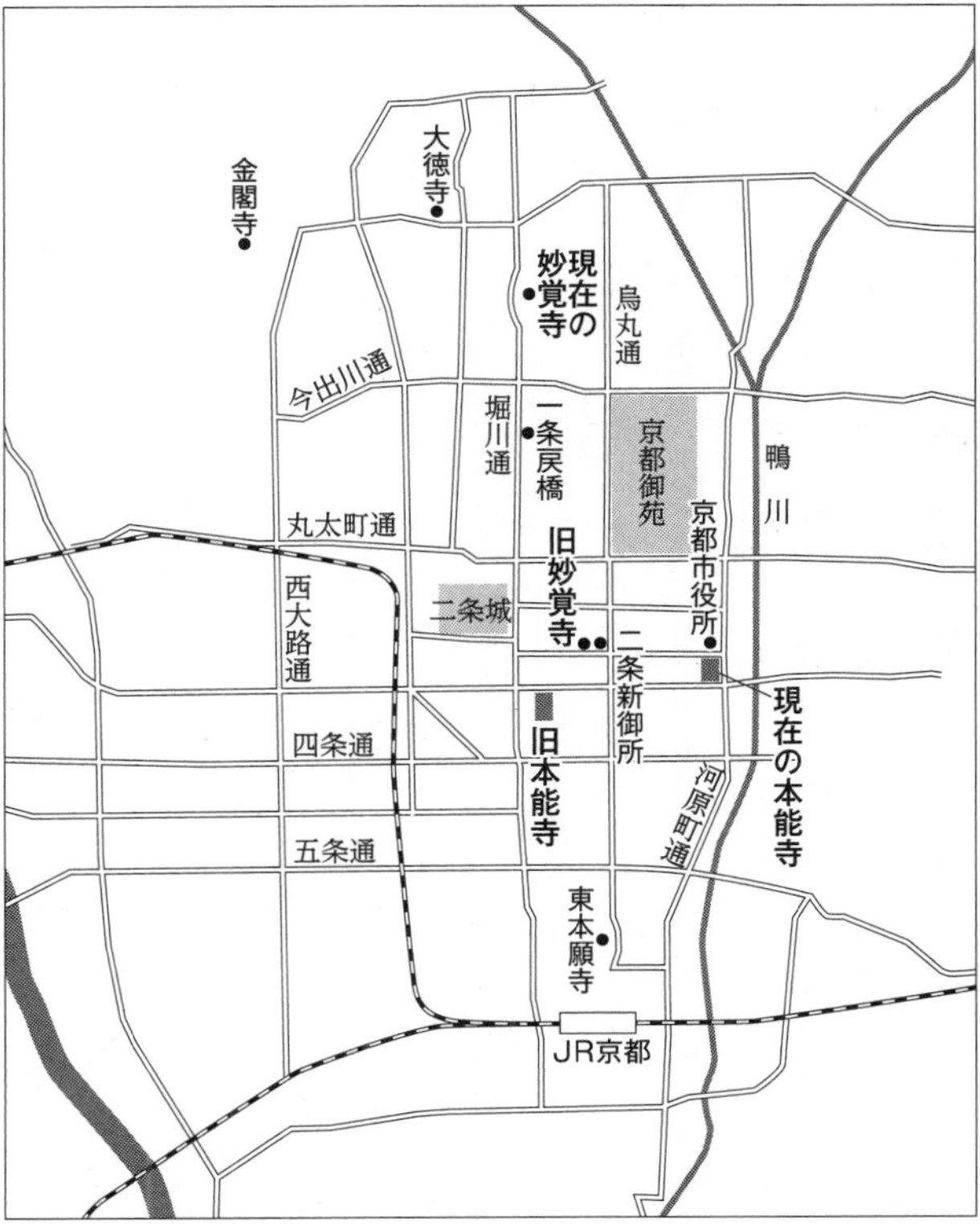

◉「変」ののち、豊臣秀吉《とよとみひでよし》によって移転させられた本能寺《ほんのうじ》と妙覚寺《みょうかくじ》

本能寺は秀吉によって、それまであった堀河四条近くから、直線距離で1.2キロメートルほど東へ進んだ所（現在の中京区寺町通御池下ル）に移転させられた。さらに二条新御所そばにあった妙覚寺も、秀吉によって現在の上京区に移転させられている。

するが、最初に、光秀はなぜそれほど信長の焼死体を探すことにこだわったのかについて考えてみたい。

ひと言で言ってしまえば、信長が確かに死んだという「証拠」が是が非でも欲しかったからだ。

光秀が心配したように、もしも信長が生き延びていたとしたら、光秀はたんに謀叛を失敗した駄目な男と周囲から見なされ、そこに光秀なりの大義があったとしてもそんなことは世間から一顧《いっこ》だにされなかったはずだからだ。

「天下の極悪人」として信長の首を満天下に晒《さら》し物にしてこそ、このたびの光秀の謀叛は完結し、世論も味方につけることができたはずであった。それなのに、その首が無いとなれば、謀叛は失敗だったと言わざるを得なくなってしまう。

光秀は本能寺を襲撃した直後、一人でも多くの味方を集めるために自分とは親しい間柄だった細川藤孝《ほそかわふじたか》や筒井順慶《つついじゅんけい》らを誘っているが、悉《ことごと》く断られていた。これは、細川らは信長が本当に死んだかどうかの見極めもつかないのに、よし光秀に味方したとして、信長が生存していたときに、あとで魔王・信長からどんな報復を受けることになるか、想像しただけでも怖ろしかったからに違いない。

▼体の特徴や歯並びなどで特定できた？

光秀の同僚の羽柴《はしば》（豊臣《とよとみ》）秀吉《ひでよし》などはそうした細川らの心の内を読んでおり、あの備中《びっちゅう》高松城（岡山市）攻めを終えてから京都を目指した史上名高い軍団の大移動「中国大返し」を決行した際、行軍途中にこんなことをしていた。

本能寺の変を知ったであろう畿内《きない》周辺の有力武将に対し、「信長公は危機を脱したので安心されたし」と、まず信長が無事であることを請け合ったうえで、「逆賊光秀を討つため、この秀吉に合力されたし」といった意味の書簡《しょかん》を乱発していた。まさに、人情の機微《きび》を熟知した苦労人の秀吉らしいやり口だった。

このように、もしも本能寺の変で、はっきり信長とわかる御首級《みしるし》を光秀が手に入れていれば、その後の秀吉とのパワーバランスは逆転していたに違いない。光秀はすんでのところで長蛇《ちょうだ》を逸《いっ》してしまったわけである。

それはさておき、本能寺で割腹死を遂げた信長の遺体、もしくは遺体の一部が混乱の中で何者かに外へ持ち出されたことは間違いないようである。その根拠として研究者が指摘するのは、木造の建物が燃えたくらいで顔の判別ができないくらい遺体が燃えきってしまうようなことはまず考えられないというのだ。

もしも、信長の遺体であれば体の特徴や歯並びなどで確実に判別できたはずで、そうした疑わしい遺体が見当たらなかったということは、すなわち遺体、あるいは首が何者かに本能寺の外へ持ち出されたと考えるしかないことになるという。

▼本能寺の裏手の生け垣を破って進入

この持ち出し説をめぐっては、いくつかの説が伝わっているが、その中から特に有力視されているものを二つ紹介してみよう。

まず、「阿弥陀寺説《あみだじせつ》」から。現在の京都市上京区にある浄土宗《じょうどしゅう》の寺・阿弥陀寺に信長の首が埋葬されているという説である。変が起こったとき、同寺に清玉上人《せいぎょくしょうにん》という生前の信長と親しかった高僧がいて、上人は信長が襲撃されたことを知ると、数人の弟子を引き連れ、当時は堀川四条の近く（現在の京都市中京区元本能寺町）にあった本能寺に駆け付けている。

その後の清玉上人の行動は阿弥陀寺の縁起《えんぎ》や公家の日記によって窺《うかが》い知ることができる。本能寺の裏手の生け垣を破って敷地内に入ると、顔に見覚えがある織田方の武士十人ほどが何かを燃やしている場面に出くわす。

恐る恐る何をしているのかと聞くと、武士たちはそれが清玉上人であることを認めたうえで、実は信長公はすでに切腹しており、遺言で首を敵に渡してはならぬと言われていたので、いま遺体を念入りに焼いているところだ、と打ち明けたのである。

それを聞いて清玉上人は、「茶毘《だび》に付すのは出家の役目。あとのことは拙僧《せっそう》らに任せてもらいたい」と言い、遺体を焼く作業を引き受けたという。そして、遺灰にするとそれを法衣にくるんで隠し、本能寺の僧らが右往左往しながら立ち退《の》くのに紛《まぎ》れ、一緒に寺を脱出したそうである。

▼秀吉、遺灰を政治的道具に利用しようとする

こうして信長の遺灰を阿弥陀寺に持ってくることに成功した清玉上人はその後、密《ひそ》かに葬儀を執《と》り行い、急きょ敷地内に設けた墓に遺灰を収めたという。のちに上人はその墓の隣に、同じ本能寺の変で亡くなった信長の長男・信忠《のぶただ》の墓や、森蘭丸《もりらんまる》ら側近《そっきん》の墓も建てている。

なお、この阿弥陀寺には現在まで、「織田信長公本廟《ほんびょう》」と名付けられた、本能寺の変後に清玉上人が建てたとされる信長の墓が伝わっているが、変から数年後に寺はもともとあった上京区今出川大宮から、信長の墓ごと現在の同区寺町通に移転していることを付記しておく。

この移転は羽柴秀吉の命令によるものだった。「山崎の戦い」で光秀を討った秀吉は、のちになって信長の遺灰が阿弥陀寺に埋葬されていることを伝え聞き、清玉上人に対しそれを渡すように命じた。しかし上人は、秀吉が自ら覇権《はけん》を掴《つか》むための政治的道具に利用しようとしていることを看破《かんぱ》し、申し出を拒絶する。

これに怒った秀吉は阿弥陀寺の寺領の大半を没収し、移転までも迫るという嫌がらせで報復したのだった。このことから、当時は阿弥陀寺に信長の遺灰があることは世間周知の事実だったのかもしれない。

▼疑問が多い阿弥陀寺説

ところで、この阿弥陀寺説だが、疑問がないわけではない。まず、遺体の焼却時間に関してのことだ。どれほどの時間をかけて遺体を焼けば灰になるのかわからないが、焼いた後、本能寺の僧らと一緒に逃げたという証言を信じるならば、最初に信長の家来らが焼いていた時間を合わせても、たぶん一時間もなかったはずだ。そんな短時間で人間の遺体は灰になるだろうか。ここは「遺灰」は誤伝で、本当は「遺骨」だったと考えたほうが無理がないようである。

さらに、裏手からとはいえ清玉上人たちが本能寺の敷地内にスムーズに進入できたのはなぜか。遺体を焼いている間、明智の軍勢に見咎《みとが》められなかったのはなぜか。あまりにも運が良すぎないか——などなど、この阿弥陀寺説にはいくつもの疑問が残されていることは事実。今後の解明を待ちたいところだ。

さて、もう一つ、信長の首に関する説として「西山本門寺説《にしやまほんもんじ》」についても触れておこう。富士山麓《ふじさんろく》、静岡県富士宮市の西山本門寺という寺の本堂裏手に信長の首を埋めたとされる塚が伝わっている。

もともと首塚があることは寺の代々の住職に口伝として伝えられてきたのだが、その口伝を基に、昭和五十四年（一九七九年）に歴史家の山口稔氏が、さらに平成十二年（二〇〇〇年）に歴史作家の安部龍太郎氏がそれぞれ西山本門寺に信長の首が埋葬されているという説を発表し、歴史ファンの興味を誘った。

▼首を持ち出すよう依頼された人物とは

信長と富士山の取り合わせはかなり意外だが、この説の大要《あらまし》はこうである。

本能寺の変が起こった当日、日蓮宗《にちれんしゅう》の僧で本行院日海《ほんぎょういんにっかい》という者が信長の招待を受けて寺に宿泊していた。別名を本因坊算砂《ほんいんぼうさんさ》といい、囲碁の家元・本因坊の始祖となった人物である。信長はこの算砂から教えを受けるほどの囲碁好きだった。

ちなみに、信長のほか、秀吉、徳川家康《とくがわいえやす》と「三英傑」はそろって囲碁を好んだ。そして算砂は三人すべての指南役を務めている。

閑話休題。――前夜、算砂は本能寺の僧を相手に信長の御前で烏鷺《うろ》を争っている。このとき、盤上に将棋の千日手のような状態になる「劫《こう》」が三カ所もできるという、非常に珍しい現象が起こった。昔から「三コウは不吉」という言い伝えがあり、同席した人々は何事も起こらなければよいが、と小声で語り合ったそうである。

翌朝になり、明智の軍勢が押し寄せた。建物に火がかけられ信長の家来たちが次々と討ち死にしていった。算砂は信長が自刃したことを知ると、まだ生き残っている信長の家来の中から原志摩守宗安《はらしまのかみむねやす》という者を呼び寄せ、信長の首を駿河国《するがのくに》（静岡県）にある西山本門寺の住職・日順《にちじゅん》という者に託して葬《ほうむ》ってもらうよう指示したという。

▼信長の首を仏像の中に入れて持ち出す

その後のことは原家に伝わる文献『原家記』に詳しい。宗安は信長の首に加えて、討ち死にしたばかりの自分の父と兄の首を従者に持たせ、本能寺を抜け出すことに成功する。そして、山道伝いに駿河まで一気に駆け抜け、本門寺に到着すると本堂裏手に三人の首を地中深く埋めたという。

『原家記』には首を持ち出す際、仏像の中に首を隠して運んだと記されていた。また、日順の自筆による本門寺の過去帳には「天正十年六月、惣見院《そうけんいん》信長、明智のために被誅《ひちゅう》」と書かれているという。

本因坊算砂が原宗安に首の埋葬場所としてなぜ駿河の本門寺を指定したかだが、算砂（日海）にとって、当時本門寺の住職だった日順は信頼に足る仏弟子の一人で、しかも日順は原家から出た人物だった。

信長の首を手厚く供養してくれ、首を葬っていることを絶対に口外しない人物として日順に白羽の矢を立てたのであろう。首を畿内に置いておけば発見される確率が高くなるという考えが後押ししたのも確かなはずだ。

▼樹齢五百年の大柊だけが知っている？

今日、本門寺にある信長の首塚と伝わる場所には、それが墓標でもあるかのように、柊《ひいらぎ》の大木（静岡県指定の天然記念物）が立っている。その案内板には「推定樹齢五百年。炎上する本能寺から持ち出された信長の首がここに運ばれ、埋められたときに植林された……云々」といった意味のことが記されてある。

この柊、植林されたときにどれほど年月がたっていたかわからないが、約五百年前と言えば、本能寺の変の頃とほぼ一致する。柊は特徴的な棘《とげ》のある葉をつけることで知られる常緑樹。そこから日本でも西洋でも古来、「魔除《まよ》けの木」として認識されている。この首塚を守るにはうってつけの樹木であろう。

しかしながら、この西山本門寺説にしても、墓を掘り起こして調査したわけではないので、本当に信長の首が埋まっているかどうかは謎である。それに、首が本能寺からどうやって持ち出されたのか、もう一つはっきりしていないのも問題だ。

戦闘と炎上で現場は大混乱をきたしていたとはいえ、首三つを持って敵の重囲《じゅうい》を見事に突破できたとはどうしても考えにくいのだ。こちらの説に関しても、説を補完し、大方の歴史ファンから納得が得られる新説の登場を待ちたいものである。

▼信長の家来、弥助が首を持ち出した？

最後に、信長お気に入りの家来だった弥助《やすけ》が、炎上する本能寺から信長の首を持ち出したという説について述べておきたい。弥助とは、欧州《ヨーロッパ》系宣教師の従者として日本に連れてこられたアフリカ系の黒人で、のちに信長の家来となった人物。

しかし弥助は、本能寺が襲撃を受けると、信長の命を受けてただちに本能寺から妙覚寺《みょうかくじ》に向かって走っている。当日、この妙覚寺には織田信忠が宿泊しており、信忠に明智光秀の謀叛を知らせるためであった。つまり、弥助は信長から急使の大役を仰《おお》せつかったわけで、信長の首を持って本能寺を抜け出したわけではなかったのだ。

実際、弥助はその後、二条新御所に移った信忠の後を追い、そこで明智軍と戦った末に投降している。

豊臣秀吉が息子・秀頼のために建てた「京都新城」のその後の話

▼永い眠りから目覚める

豊臣秀吉《とよとみひでよし》が最晩年、息子秀頼《ひでより》のために建てた「京都新城《きょうとしんじょう》」と呼ばれる城郭《じょうかく》風の邸宅が、かつて京都御所《ごしょ》（天皇の住まい）のそばにあったことをご存じだろうか。秀吉が病亡する前年という から、慶長《けいちょう》二年（一五九七年）に建てられた城だ。

その後、徳川家康《とくがわいえやす》の天下が訪れると建物は解体され、廃城となった。そうなると城の存在は人々から忘れ去られ、その正確な位置すらもわからなくなってしまった。

この京都新城のことは当時の公家《くげ》の日記にも登場するため、城が存在したことは事実であろうと思われたが、何分これまで遺構《いこう》の本格的な調査が行われてこなかったため、歴史家の間でも永く「幻の城」と思われていたのである。

それが、ごく最近になり（令和二年＝二〇二〇年）、京都新城の遺構が偶然発見され、城が幻でなかったことが初めて確かめられたのである。その遺構とは、京都御苑《ぎょえん》の一角にある仙洞御所《せんとうごしょ》の消火設備の設置工事をしているときに見つかった、長さ八メートルほどの石垣のことだ。

のちに京都市埋蔵文化財研究所によって調査が行われ、その石垣が京都新城の石垣と見られるという発表がなされた。石垣の下の堀からは豊臣家の桐《きり》の家紋と天皇家の菊の家紋が入った瓦《かわら》も出土していた。

こうして実在が明らかとなった京都新城だが、そもそも秀吉はなぜこの城を建てようとしたのだろうか。そして、せっかく建てたものを最初に壊し始めたのが、実は豊臣方の人間だったという。それは一体誰だったのか――そのあたりの京都新城にまつわる様々な疑問を以下で解いていくことにしよう。

▼なんと御所の三倍の広さがあった

京都御苑は、京都市の中心部に位置し、東西約七百メートル、南北約千三百メートルの縦長の長方形で、総面積は九十二ヘクタール。これは東京ドーム約二十個分の広さに相当する。このうち御所は中心部からやや北西寄りにあり、その御所の南東に京都新城はあった。

新城の総面積だが、史料によると三十二万平方メートル（東西約四百メートル×南北約八百メートル）という広大なものだった。これはそばにある御所（十一万平方メートル）のおよそ三倍の広さであった。

この新城が解体された後、江戸初期に跡地の一角に造営されたのが、上皇《じょうこう》（天皇譲位《じょうい》後の尊称《そんしょう》）のお住まいの仙洞御所（御殿《ごてん》は幕末期に火災で焼失し、現在は庭園のみ）である。令和二年の発掘調査で発見された新城の石垣はこの仙洞御所から出土したものだった。

このときの発掘調査の結果を踏まえ、日本の城郭に詳しい考古学者の中井均《なかいひとし》・滋賀県立大教授はマスコミに対し「これまで単なる屋敷か本格的な城郭なのかわからなかったが、大規模な堀と天守を持つ城の可能性が出てきた。近年の城郭研究で最大の成果、高松塚古墳級の発見ではないか」と興奮を隠さず語っていた。

▼聚楽第を破壊したことが新城建築の動機

さて、肝心の話に移るが、広さでは御所をはるかにしのぐこのような巨大城を秀吉は一体なぜ建てる必要があったのだろうか。それを知るには、秀吉の甥《おい》の秀次《ひでつぐ》について話さなければならない。

秀次とは秀吉の姉・日秀尼《にっしゅうに》の子で、若くして秀吉の養子となり、関白《かんぱく》職まで秀吉から受け継ぎ、自他ともに次の天下人と目された人物である。ところが、秀吉に実子秀頼が誕生すると、途端に秀吉から疎《うと》んじられるようになり、あげくには謀叛《むほん》の疑いをかけられ自害に追いこまれるという何ともかわいそうな男だった。

秀吉は秀次を葬《ほうむ》り去ったのち、秀次を謀叛人として世間に印象付けるため、秀次の子女・妻妾《さいしょう》ら三十余人を京都・三条河原で処刑した。さらにこれだけでは終わらず、御所の北にあった、秀次に邸宅として与えていた聚楽第《じゅらくだい》を徹底的に破却《はきゃく》するということまでやっている。文禄《ぶんろく》四年（一五九五年）の事件である。

もともと聚楽第は関白になった秀吉が、自らの京都における政庁《せいちょう》兼邸宅《ていたく》として天正《てんしょう》十五年（一五八七年）に設けたものだった。それは四方を堀で囲まれた広大な平城で、御所を見下ろせる天守のような重層建築物まであったとされている。

秀吉は一時の怒りにまかせて聚楽第を破却したものの、やはり朝廷との折衝や息子秀頼に公家文化を学ばせる意味からも御所の近くに邸宅が欲しくなり、京都新城を築いたという次第。

▼豊臣家の公家色を強めるために

新城は当初、太閤御屋敷《たいこうおやしき》などと呼ばれていて、京都新城と呼ばれるようになったのは現代のことだ。城が完成後、秀吉は数度訪れたようだが、彼自身、このころは京都・南部の伏見城で過ごすことが多く、長期滞在することはなかった。息子の秀頼もまた、幼少期にこの新城で元服《げんぷく》を迎えてはいるものの、滞在は短期間で、慶長三年（一五九八年）八月に秀吉が伏見城で没するとすぐに大坂城に引き移っている。

秀吉が新城を御所のそばに建設した理由だが、第一に、息子秀頼に公家文化に触れさせると同時に、豊臣家がこの先関白職を世襲《せしゅう》していくために豊臣家の公家色を強めたい狙いがあったからだと言われている。もう一つの理由は、御所のすぐそばで御所よりも大きな敷地に居座ることで、朝廷に対し、勝手なことはさせないぞ、とにらみを利かせる目的もあったようである。

さらに、秀吉は常々、平安貴族の中で天皇家に匹敵する絶大な権勢を誇った藤原《ふじわらの》道長《みちなが》に憧《あこが》れており、この新城を設けた場所はかつて道長が自らの邸宅・土御門第《つちみかどだい》を構えた場所だったため、あえてそこを選んだのではないかという説もある。

さて、秀頼が出て行った後の新城だが、新たに住人となったのは秀吉ゆかりのあの女性だった。そう、秀吉の糟糠《そうこう》の妻・ねね（北政所《きたのまんどころ》、関ヶ原ののち落飾《らくしょく》して高台院《こうだいいん》と号す）その人であった。

▼北政所、櫓や石垣の解体を命じる

北政所が、大坂城に引き移った秀頼と入れ替わるように大坂城から新城に移って来たのは、秀吉が亡くなった翌年、慶長四年九月のことだった。

そののち、徳川方と豊臣方との間の緊張感は日増しに高まりを見せ、最終的に翌慶長五年九月十五日の「関ヶ原の戦い」へと突き進むわけだが、その直前になり、新城で静かに余生を過ごしていたはずの北政所が、ある不可解な行動に出て周囲の人々を驚かせている。

北政所は、自分が住む新城に仕事師を大勢入れたうえで、特に目立つ櫓《やぐら》や石垣を解体し始めたのだ。解体された部材はそのまま公家に引き取ってもらった。それが八月二十九日の出来事というから、関ヶ原の戦いの半月前のことだった。

さらに北政所は九月十三日になり、のちに関ヶ原の戦いの前哨戦《ぜんしょうせん》の一つと位置付けられることになる近江国《おうみのくに》（滋賀県）大津城で戦端が開かれたことを知ると、急いで新城の南門の解体も行わせていた。もはや東西決戦は避けられないと考えての行動だったのだろう。

そして天下分け目の決戦が家康の勝利で終わると、家康は北政所に対し、引き続き新城に住むことを許したが、その交換条件として新城が豊臣方に軍事利用されないよう主だった防御施設の破却を命じたという。総大将の秀頼がいまだ健在で、いつ反撃に転じてくるか知れたものではなかったからだ。

▼城を壊すことで中立の立場を明確に

元和《げんな》元年（一六一五年）、「大坂の陣」によって豊臣家は完全に滅んだ。北政所はそれを見届け、九年後の寛永《かんえい》元年（一六二四年）九月、新城で静かに亡くなった。

北政所が没すると、江戸幕府はそれを待っていたかのように新城の取り壊しにかかった。幕府としては太閤の遺産をそのまま後世に伝えることをよしとしなかったからだ。解体された部材の多くは仙洞御所の建設に再利用されたという。

それにしても、「豊臣の顔」でもあったはずの北政所は、関ケ原の戦いの際、なぜ新城を自らの手で解体し、徳川方を利するような真似を行ったのだろうか。

秀吉の帰依《きえ》を受け、北政所とも交流があった醍醐寺座主《だいごじざす》・三宝院義演《さんぼういんぎえん》の『義演准后日記《じゅごうにっき》』によると、「禁裏御所《きんりごしょ》が戦禍《せんか》を被《こうむ》らないようにするため」だったという。

なまじ豊臣方に義理立てすれば戦《いくさ》が拡大することは明白だ。もはや大勢《たいせい》が徳川方に決しかかった以上、たとえ徳川方を利する行為と受け取られたとしても、そのことが結果的に世の中に安寧《あんねい》をもたらすことにつながるはず——北政所は大局的な見地からそう考えて自城を壊す、すなわち武装放棄という行為に及んだのであろう。

内助の功で秀吉という何処《どこ》の馬の骨ともわからない男を天下人の座に押し上げたほどの才女だけに、それくらい考えたとしても何ら不思議はない。

〝茶聖〟千利休を追い込んだ「木像」が、令和の世に残った経緯

▼罪人を処刑したり晒しものにしたりした場所

京都市のほぼ中央を南北に流れる堀川の、「晴明《せいめい》神社」近くに八メートルほどの短い橋が架《か》かっている。一条戻橋《いちじょうもどりばし》、たんに戻橋と呼ばれることが多い橋だ。

昔からこのあたりには、橋を葬列《そうれつ》が通過中に雷鳴がとどろき、棺《ひつぎ》の中の死者が生き返ったという伝説があり、そこから戻橋の名が付いたと言われている。

戦国時代から安土桃山《あづちももやま》時代にかけてこの戻橋は、罪人を処刑したり晒《さら》しものにしたりする場所としても有名だった。たとえば、一時的に畿内全域を支配したほどの戦国武将・三好長慶《みよしながよし》の家来だった和田新五郎《わだしんごろう》という者が、不義密通を働いたという

だけの罪で、橋のたもとで鋸挽《のこぎりび》きの刑に処されている。

▼秀吉には欠かせない政治顧問の一人

同じ秀吉によって、死んでからのち、この戻橋で首を晒されたある有名人がいる。誰あろう、千利休《せんのりきゅう》である。利休と言えば〝茶聖《ちゃせい》〟と称され、秀吉の茶の湯の師匠であったばかりか、秀吉にとっては欠かせない政治顧問の一人だった人物だ。

こんな逸話がある。薩摩《さつま》の島津《しまづ》氏と争っていた大友宗麟《おおともそうりん》が、大坂城にいる秀吉に対し軍事的支援を要請するため九州から出てきて、そのとりなしを依頼するため豊臣秀長《とよとみひでなが》（秀吉の弟）の屋敷を訪れた際、秀長から、

「公儀のことは私に、内々のことは宗易《そうえき》（利休）に」

そう耳打ちされたという。このような逸話が生まれたくらい、利休は秀吉から寵愛《ちょうあい》を受けていたのである。

それが、ある日突然、秀吉から切腹を命じられ、そればかりか死後、首を落とされ、その首が大衆の前に晒されるほどの過酷《かこく》な仕打ちを受けることになろうとは……当時のほとんどの人々にとってはまさに青天の霹靂《へきれき》であった。

この利休の首が晒されたとき、ある物が首と一緒に晒されたことをご存じだろうか。それは、利休の等身大の木像である。なぜ木像が、と疑問に思う人もいるだろうが、実は、その木像こそが、この「利休賜死《しし》事件」の原因をつくったと考えられているのだ。それは一体どういうことだろうか。木像がつくられた経緯《いきさつ》をたどりながら、そのあたりの謎と、その木像はその後どうなったのかを追ってみた。

▼利休と親しかった秀長の死をきっかけに

千利休は和泉《いずみ》国堺《さかい》の裕福な商家で生まれた。家業は倉庫業のほか塩魚を扱っていた。商売の傍《かたわ》ら、若くして茶の湯の道に分け入り、四十代後半で織田信長《おだのぶなが》に茶堂《ちゃどう》(茶の湯をつかさどる役)として召し抱えられる。

「本能寺《ほんのうじ》の変」(天正《てんしょう》十年＝一五八二年)で信長が倒れると、利休は新たに天下人となった秀吉に仕《つか》えた。その翌年、六十二歳になった利休は秀吉の命令で京都府大山崎町に草庵《そうあん》風の茶室「待庵《たいあん》」(国宝)を完成させている。この待庵は現存する利休作の茶室としては唯一のものである。

天正十三年には秀吉の求めに応じて黄金の茶室を設計。その二年後には秀吉が京都・北野天満宮《きたのてんまんぐう》境内において催した大規模な茶会、北野大茶湯《きたのおおちゃのゆ》の差配役を命じられてもいる。このころになると利休は、秀吉の京都における政庁兼邸宅であった聚楽第《じゅらくだい》内に屋敷を与えられ、三千石の禄《ろく》まで頂戴するほどであった。

そんな蜜月時代を過ごしていたはずの両者だったが、天正十九年（一五九一年）になり、その年の一月二十二日に利休とは特に親しかった豊臣秀長が病没すると、まるでそれが合図でもあったかのように、利休は秀吉から堺の自邸での蟄居《ちっきょ》（外出禁止）を命じられてしまう。二月十三日のことであった。

▼三門に掲げた利休像が大問題となる

それから十二日後の二月二十五日、洛北紫野《らくほくむらさきの》にある臨済宗《りんざいしゅう》の名刹《めいさつ》・大徳寺《だいとくじ》の、金毛閣《きんもうかく》と名付けられた三門《さんもん》（寺院の仏殿前の門のこと。三解脱門《さんげだつもん》とも称す）前に人だかりができていた。彼らは、それまで三門の楼上《ろうじょう》に設置されていた一体の木像を乱暴に引きずり下ろすと、その木像を、堀川通にある戻橋のたもとまで運び、磔《はりつけ》にかけるという暴挙に出る（四十五ページの地図を参照）。

その木像こそが、前述した利休賜死事件の原因と考えられている利休像であった。

なぜ利休像が大徳寺の三門に置かれていたかというと、経緯はこうである。

大徳寺は、天下を大乱に巻き込んだ「応仁《おうにん》の乱」（一四六七年～）によって諸堂《しょどう》を焼くなど大被害を被《こうむ》った。この秀吉の時代でも完全に復興を遂《と》げておらず、それを憂《うれ》いた利休が多額の寄進を行ったところ、寺側ではその寄進に対し感謝の気持ちを表すため利休の木像をつくり、楼上に掲げた。つまり、利休の与《あずか》り知らないところで一切の話が進行してしまったわけである。

それはともかく、のちにこの木像が大問題となった。木像の存在を知った秀吉が、「わしや勅使《ちょくし》（天皇の使者）もその三門をくぐるのに、その上に仁王立ちした自分の木像を置くとは何事だ。わしや勅使の頭を踏みにじる行為と同じではないか」と憤慨《ふんがい》し、利休に蟄居を命じたと言われている。

▼木像の足で首を踏みつけさせる
戻橋に利休像が磔に処された日の翌日（二十六日）、利休は秀吉に召喚《しょうかん》され上洛《じょうらく》する。その後、秀吉からいつ、どのような形で「切腹」を命じられたかは判然としないが、二十八日となり、利休は聚楽第の自邸で自害を遂げたのだった。

その後、怒りが収まらなかった秀吉は、利休の首も戻橋に晒すよう命じたため、遺体から首が切り取られ、戻橋に運ばれた。そして、磔になった木像の足でわざわざ踏みつけた状態で首が晒されたという。本人をかたどった木像の足で本人の生首を踏みつけるとは……。死者を侮辱するうえでこれ以上の行為がまたとあろうか。まさに、このときの秀吉の行いは狂気じみていたと言わざるを得なかった。

——この大徳寺三門における利休の木像こそが、このたびの利休賜死事件の原因だという。しかし、本当にそうだろうか。三門の上に木像を置いたことは確かにやり過ぎたかもしれないが、はたしてそのことが死罪に相当するほどの大それた罪だったと言えるだろうか。

しかもである。利休の木像をつくり、三門に置いたのは利休に感謝の気持ちを表したいと考えた寺側が勝手に行ったことであって、利休自身はまったく関知しないことだったのだ。それで非難されたのでは間尺《ましゃく》に合わなかった。

▼世間を納得させるパフォーマンス

さらに、利休像が大徳寺に飾られたのは、利休が秀吉から蟄居を命じられる二年前のことだった。しかも、このとき利休像を三門に安置したことが、寺側から豊臣秀長に対し届けが出ていたという。

秀吉がその届けのことを知っていたかどうかは不明だが、よし知らなかったとしても、二年も前から飾られていた木像に対し、今ごろになって怒って見せるというのはいかにも為政者《いせいしゃ》として狭量《きょうりょう》に過ぎるだろう。

秀吉にすれば何としても利休を抹殺したい。しかし世間を納得させるだけの理由がない。そこで、無理やり利休像を持ち出したのだろう。木像を磔にしたのも、それが諸悪の根源であり、利休は死罪になっても仕方がない罪を犯したのだということを世間に印象付けるための〝パフォーマンス〟だったに違いない。

では、利休が罪を得た真の理由とは何だったのだろうか。それに関しては、利休が政治に口を出し過ぎたから（特に「朝鮮出兵」に対し利休が強く反対していた）、利休が茶器の取引で不当に儲《もう》けたから、茶道に関して両者の美意識がぶつかったから——など諸説あがっているが、いずれも決め手を欠くという。

ここは、利休がそのことについて、家族や茶の湯の弟子たちに語ったり、書いた物を遺《のこ》したりした様子が見受けられないところにヒントがあるように思える。

▼しょせん相容れない二人だった

目も眩《くら》むばかりの黄金の茶室をつくって悦に入っている秀吉と、簡素なわび茶の世界の完成を目指す利休とはやはり水と油だったのだ。

秀吉は、利休という男を知れば知るほど自分の出自からくる劣等感をつのらせ、利休の存在を憎むようになっていったのだろう。たんに自分の目の前から放り出すのは容易《たやす》いことだが、それでは自分の気持ちが晴れない。何としてでも、利休めをわしの前に屈服させて精神的な優位に立ちたい――そう考えて、大徳寺の木像のことを持ち出したに違いない。

ところが、利休が「恐れ入りました」と詫《わ》びを言ってくるのを今か今かと待っていたのに、黙って蟄居を受け容《い》れたものだから、当てが外れた秀吉は振り上げた拳《こぶし》の落としどころがわからなくなり、一層強く利休を憎んだ。そして、その結果が、木像の磔と利休の切腹につながったのだろう。

利休が蟄居の理由を弟子たちに語ったり、書面に書き遺したりしなかったのは、それが言葉や文字で表現できない、秀吉側のあまりにも身勝手なものであることを見抜いていた証拠ではないだろうか。

その秀吉側の身勝手な理由を、自分の推測をまじえて声高にしゃべればしゃべるほど、これまで自分が仕えてきた為政者たる秀吉の人格を貶《おとし》めることになり、ひいては自分の価値をも下げることになる――利休はそう考えて口をつぐんだのである。どうもそんな気がしてならない。

◇

ところで、戻橋で磔に処された等身大の利休像だが、壊されたり燃やされたりもせず、実物が令和の今日に伝わっていたのをご存じだろうか。

利休の流れをくむ裏千家家元の邸内（京都市上京区）に、利休の孫の宗旦《そうたん》という人物が江戸の正保《しょうほう》年間（一六四五～四八年）に建てた茶室「今日庵《こんにちあん》」が伝わっており、その奥深くに利休像が安置されているという（非公開）。また、大徳寺三門にその利休像の複製品《レプリカ》が安置されているが、こちらも非公開となっている。

豊臣秀吉が創建した「方広寺大仏殿」と巨大な「梵鐘」の行方

▼焼失と再建を繰り返す

安土桃山《あづちももやま》時代、京都に当時世界最大級の木造建築が七年間だけ存在した。豊臣秀《とよとみひで》吉《よし》が創建した「方広寺大仏殿《ほうこうじだいぶつでん》」である。乱世の梟雄《きょうゆう》（残忍で猛々《たけだけ》しい人）松永久秀《まつながひさひで》の焼き討ちによって焼損《しょうそん》した東大寺大仏に代わる新しい大仏——通称・京都大仏を造り、それを安置するための施設として建立《こんりゅう》されたものだった。

なぜ七年間かというと、炎上焼失したからである。五百年先も千年先も残るはずだった巨大な木造建築は、鋳物《いもの》職人の不注意で一夜にして烏有《うゆう》に帰《き》してしまったのだ。それは、秀吉が逝去《せいきょ》した四年後の慶長《けいちょう》七年（一六〇二年）のことだった。

その後、大仏と大仏殿は再建されるが、それ以後もこの大仏殿は幾度となく焼失と再建を繰り返すという不幸な運命に見舞われたことがわかっている。

本稿では、秀吉が創建したそんな方広寺大仏殿の焼失と再建の歴史をたどりながら、大仏と並んで同寺のもう一つの名物であり、豊臣家滅亡の原因をつくったとされている巨大な梵鐘《ぼんしょう》のその後についても述《の》べてみたいと思う。

▼秀頼が誕生した二年後に完成

前述したように方広寺は、秀吉が東大寺に代わる新しい大仏を安置するために京都東山の三十三間堂（蓮華王院《れんげおういん》）そばに創建した天台宗派の寺院である。自らの権力を誇示するために巨大な建築物を造ることを好んだ秀吉らしく、東大寺の大仏にも負けない大きさの大仏を造るよう命じたという。

大仏は当初、東大寺大仏同様、青銅で鋳造《ちゅうぞう》する計画だったが、秀吉が「五年以内に大仏も建物も完成させよ」と厳命したため、鋳造ではとても間に合わないことがわかり、木造（金漆塗《きんうるしぬり》による盧舎那仏坐像《るしゃなぶつざぞう》）と決まる。作業工程としては、先に大仏を造立《ぞうりゅう》したのち、その周囲に建物を築き上げるという流れだった。

　こうしてすべての工事が完了したのは文禄《ぶんろく》四年（一五九五年）、秀吉と淀殿《よどどの》との間に秀頼《ひでより》が誕生してから二年後のことだった。完成した大仏は全身金ピカで、東大寺のそれよりも大きい高さ六丈三尺（約十九メートル）もあった。当然、これほど大きな大仏を収容する建物もそれなりに巨大なものとなり、南北八十八メートル、東西五十四メートル、高さ四十九メートルもあった（数字に関しては異説あり）。

　このように威容を誇った方広寺大仏殿だったが、完成した翌文禄五年閏《うるう》七月に発生した「慶長伏見大地震」によって建物は何とか耐えたものの、大仏は損壊《そんかい》してしまう。そんな大仏を前に秀吉は激怒し、「うぬは、京の町を守るを忘れ、まっ先に倒れるとは、慌《あわ》て者が！」と、大仏に弓矢を射込《いこ》んだと伝えられる。

▼鼻の穴から傘を差して出入り

　慶長三年（一五九八年）八月に秀吉が亡くなると、後継者の秀頼は秀吉を祀《まつ》る豊国《とよくに》神社の建立と併《あわ》せ、京都大仏の再建工事に着手する。新たな大仏は、地震に強い鋳造と決まった。ところが鋳造作業が順調に進んでいた慶長七年に大仏の体内から出火し、大仏殿はあっさり炎上焼失してしまう。こうして空前絶後の大きさを誇った大仏殿はわずか七年でこの地上から消滅したのだった。

それでも秀頼は諦《あきら》めず、京都大仏と大仏殿の再建を亡父の霊に誓い、慶長十七年（一六一二年）、完成にこぎつける。その後大仏殿は豊臣家が滅んでからも東山に威《い》容《よう》を誇っていたが、寛文《かんぶん》二年（一六六二年）の「寛文近江・若狭地震」で大仏はまたも大破してしまう。そこで木造で再建されることになり、同七年に完成した。

京都大仏と大仏殿の不幸はさらに続く。寛政《かんせい》十年（一七九八年）になり、落雷によって大仏もろとも大仏殿が焼失してしまったのだ。江戸後期の天保《てんぽう》十四年（一八四三年）に信徒の寄進によって上半身だけの木造大仏と小さな三代目大仏殿が建立されたが、こちらも昭和四十八年（一九七三年）、失火によって焼失している。

寛政十年に焼けるまでの四代目（中断した大仏を含む）京都大仏は、最初に秀吉が造立したものと同じ六丈三尺あり、その大きさを『東海道中膝栗毛《ひざくりげ》』の主人公、弥次喜多《やじきた》が「鼻の穴から傘を差した人が出入りできるほど」と表現している。

▼アフリカゾウ八頭分の重量

その後方広寺大仏殿は再建されないまま現在に至っている。今日、京都国立博物館の敷地内に大人の背丈の二倍ほどもある巨石群を見ることができるが、この石垣がかつての豊臣氏の威勢を象徴した方広寺大仏殿の数少ない遺構《いこう》の一つである。京都大仏はこうして幻となった。

さて続いて、大仏と並んで方広寺のもう一つの名物である巨大梵鐘についても述べてみたい。方広寺の梵鐘と聞いて、戦国史ファンなら、「あぁ、あれ」とピンとくるはず。そう、豊臣家滅亡の原因とされる「国家安康《こっかあんこう》・君臣豊楽《くんしんほうらく》」の銘文《めいぶん》が刻まれた梵鐘のことである。

方広寺の梵鐘は、同じ京都東山の知恩院《ちおんいん》の梵鐘と奈良東大寺の梵鐘と並んで、「日本三大梵鐘」の一つにあげられるほどの名鐘だ。総高四・二メートル、外径二・八メートル、重量八十二・七トン。三大梵鐘の中でもダントツの大きさだ。

陸上最大の動物、アフリカゾウの中でも特に大きい個体は体重十トンを超えるそうだが、それが八頭一緒にぶらさがっているようなものなのだ。いかに方広寺の梵鐘が巨大か、わかっていただけよう。

太平洋戦争のさなか、金属不足を補うため、全国の寺院のほとんどの鐘が軍部によって供出させられたが、この方広寺の鐘など三大梵鐘ばかりはその並外れた巨大さゆえに運び出すことが困難で、難を逃れたという逸話があるほどだ。

▼家康の名前を分断する

方広寺の梵鐘が完成したのは慶長十九年（一六一四年）。豊臣秀頼が一度失敗した京都大仏の再建工事に乗り出したときで、大仏と大仏殿の完成から二年後のことだった。鐘の表面には、当時、漢詩文に秀《ひい》でた禅僧として知られた文英清韓《ぶんえいせいかん》（南禅寺の長老）の起草《きそう》による銘文が刻まれたのだが、これがいけなかった。

銘文の中に「国家安康」「君臣豊楽」の文言《もんごん》があり、その文言に対し「豊臣家の繁栄だけを願うと同時に、あえて内府《ないふ》殿（家康のこと）の諱《いみな》を分断したのは徳川家を呪詛《じゅそ》する意図が隠されているからにほかならない」と家康側から横槍が入り、近く予定されていた大仏の開眼供養《かいげんくよう》を中止するよう求めてきたのである。

このときの家康側の申し出を、豊臣家を滅ぼすための口実——言いがかりととる考え方もあるが、もしも清韓が何も知らずにこの文言を撰《せん》したとすれば、あまりにも無神経だ。

古来、貴人の諱とは生前の正式名称で、忌《い》み名とも言われるくらいで生前は口に出したり書いたりすることが憚《はばか》られるものだった。したがって、家康の文字を、たとえ分断したとはいえ、短い銘文の中に差し挟んだことは、詩文の達人としてはありえない不注意だった。ここは清韓の心の奥底に家康を呪詛する気持ちが確かにあったと考えたほうが一番すっきりするようである。

▼自らの行為を正当化するため

その後の方広寺梵鐘だが、不思議なのは家康の逆鱗《げきりん》に触れたにもかかわらず、銘文が削り取られたり、鐘そのものが鐘楼《しょうろう》（鐘撞堂《かねつきどう》）から取り外されて鋳《い》つぶされたりしなかった点だ。この疑問に対しては推測の域を出ないが、家康は豊臣家を滅ぼした「正当な理由」を永久保存しようと考えたからに違いない。

家康が自らの権力を背景に全国の諸大名の支持を取り付けていたとはいえ、豊臣家に対し臣下の礼をとっていただけに、それは「逆臣・逆賊」の行為であった。当時はまだ戦国乱世の余燼《よじん》が燻《くすぶ》っていたとはいえ、武家社会にあって謀叛《むほん》は、もっとも恥ずべき行為とみなされていたのは当時の武士たちの共通認識である。

そこで家康は、のちのち自分が世間の人々から後ろ指をさされないようにするために、自分は豊臣家から呪《のろ》いを受けるほど怨《うら》まれていた。あのときの自分は反撃に出るしかなかったのだ、ということをのちの世に知らしめるため、あえて梵鐘をそのまま残したのであろう。家康を呪う道具だったはずの梵鐘が、逆に家康によって自らの正当性を証明するための道具に利用されたわけである。

明治期に入ると、鐘楼は取り壊され梵鐘は露天で雨ざらしとなった。明治三年（一八七〇年）のことだ。この場所に、天皇家や皇族の位牌《いはい》などを保管するための施設「恭明宮《きょうめいぐう》」が造営されることになり、鐘楼が邪魔になったからだった。なお、完成した恭明宮はその後すぐに廃止になっている。

◇

方広寺鐘楼が再建されたのは明治十七年（一八八四年）のことで、その後現在に至る。再建されるまでの約十四年間、現在の京都国立博物館の敷地内に雨ざらし状態だった。再建された際、京都・伏見城にあった、迦陵頻伽《かりょうびんが》（極楽にいるとされる想像上の鳥）が描かれた天井画が鐘楼の天井画に移されている。伏見城といえば、秀吉が逝去した城である。秀吉の亡魂《ぼうこん》を少しでも慰《なぐさ》めようと考えたのだろうか。

朝鮮出兵の前線基地となった幻の巨大城「名護屋城」はどうなったか

▼東京ドーム約三・六個分の規模

名古屋城といえば、江戸時代には徳川《とくがわ》御三家筆頭の尾張《おわり》徳川家の居城《きょじょう》にして、昔も今も名古屋の象徴である。戦国の三英傑（織田信長《おだのぶなが》、豊臣秀吉《とよとみひでよし》、徳川家康《いえやす》）が登場した安土桃山《あづちももやま》時代の後期、同じ「なごや城」という名前の城が九州の肥前国《ひぜん》（佐賀県）にあったことをご存じだろうか。そう、秀吉が行った「朝鮮出兵」において、その前線基地となった城のことだ。正しくは「名護屋城」と表記する。

名護屋城が存在したのは現在の佐賀県唐津市鎮西《ちんぜい》町名護屋で、県の北西部に位置する東松浦半島北端に突き出た波戸岬《はどみさき》の丘陵《きゅうりょう》に、玄界灘《げんかいなだ》を臨《のぞ》むように築かれていた。

五層七階の天守や御殿《ごてん》を中心に、その周囲には百三十余りもの諸大名の陣屋が取り巻いていたことが発掘調査によって判明している。

延《の》べ面積はざっと十七万平方メートル。東京ドーム約三・六個分の広さで、これは当時、大坂城に次ぐ規模だった。さらに城の南方には城下町が形成され、最盛期には京の都《みやこ》にも匹敵する賑《にぎ》わいを見せていたという。

そんな安土桃山時代を代表する巨大城のその後だが、秀吉が没して朝鮮出兵が取り止《や》めと決まると、新たに天下人となった徳川家康が石垣などを残して城を跡形もなく破却《はきゃく》してしまう。こうして名護屋城はこの地上にわずか七年間ほど存在しただけで消滅してしまった。一体、折角《せっかく》造った城をなぜ破却する必要があったのだろうか。幻の巨大城のその後を追跡した。

▼最初は名護屋ではなく博多が候補地

そもそも秀吉が唐入《から》り――明《みん》（中国）を征服しようとした動機については諸説あがっているが、確かなことはわかっていない。その動機の究明については別の機会に譲るとして、秀吉が諸大名に対し、唐入りの前哨戦《ぜんしょうせん》として朝鮮出兵を来春には決行すると宣言したのは天正《てんしょう》十九年（一五九一年）八月。それは、九州を征服し、小田原の北条《ほうじょう》氏を屈服させ、奥州も平定して全国統一が成った翌年のことだった。

その朝鮮出兵の前線基地として秀吉が選んだのが、博多だった。最初は名護屋ではなかったのである。当時の博多は明や朝鮮、欧州《ヨーロッパ》の船も出入りする東アジア海域有数の貿易都市だった。それゆえ数多《あまた》の豪商がいたため、矢銭《やせん》（軍用金）のほか、兵器や物資の調達にも困ることはないだろうと秀吉はにらんだのである。

ところが、すぐに名護屋に変更している。その理由は定かではないが、やはり名護屋が朝鮮半島に最も近い場所に位置していたことが決め手になったのだろう。さらに、東松浦半島の北部や西部の海岸はリアス式の地形で、入江は水深が深く、大きな軍船を目立たないよう係留《けいりゅう》するのに都合がよかった。

もう一つ、実はこれが本当の決め手ではなかったかと思われているのが、秀吉による「縁起担《えんぎかつ》ぎ」である。

▼およそ七カ月の突貫工事でほぼ完成

秀吉は、名護屋が自分の出身地である尾張名古屋（古くは那古野）と同じ地名であることに奇遇《きぐう》を感じ、しかも名護屋城を築城しようとしている山が「勝男山《かつおやま》」という縁起の良い名前であったことも後押しになったと言われている。

もともとこの東松浦半島には一帯を勢力下に置く松浦党波多《はた》氏という一族があり、その波多氏の家臣名護屋氏が居城（垣添城《かきぞえ》）を置いていたのが名護屋であった。そこから名護屋の地名が定着したのであろう。当時、波多氏の当主であった親《ちかし》が秀吉に対し、名護屋という土地は周囲に水源がないので大軍を駐屯《ちゅうとん》させるのに適さないと忠告したところ、秀吉の不興《ふきょう》を買って遠ざけられたと伝わっている。

波多親の忠告を無視して築城に取り掛かったのは、天正十九年十月上旬。縄張り（建物の位置決め）は黒田孝高《くろだよしたか》（官兵衛・如水《じょすい》）が務め、その縄張りに従い、子の長政《ながまさ》のほか加藤清正《かとうきよまさ》、小西行長《こにしゆきなが》ら九州の諸大名を中心とした延べ三万人で普請《ふしん》が進められた。

それから七カ月後の天正二十年四月二十五日に京都から遠征してきた秀吉が入城していることから、このころには城の大半が完成していたものとみられている。秀吉の強大な権力を証明する、驚くべき突貫《とっかん》工事であった。

その秀吉入城に先立つ半月ほど前にはすでに日本軍の第一陣として小西行長とそ

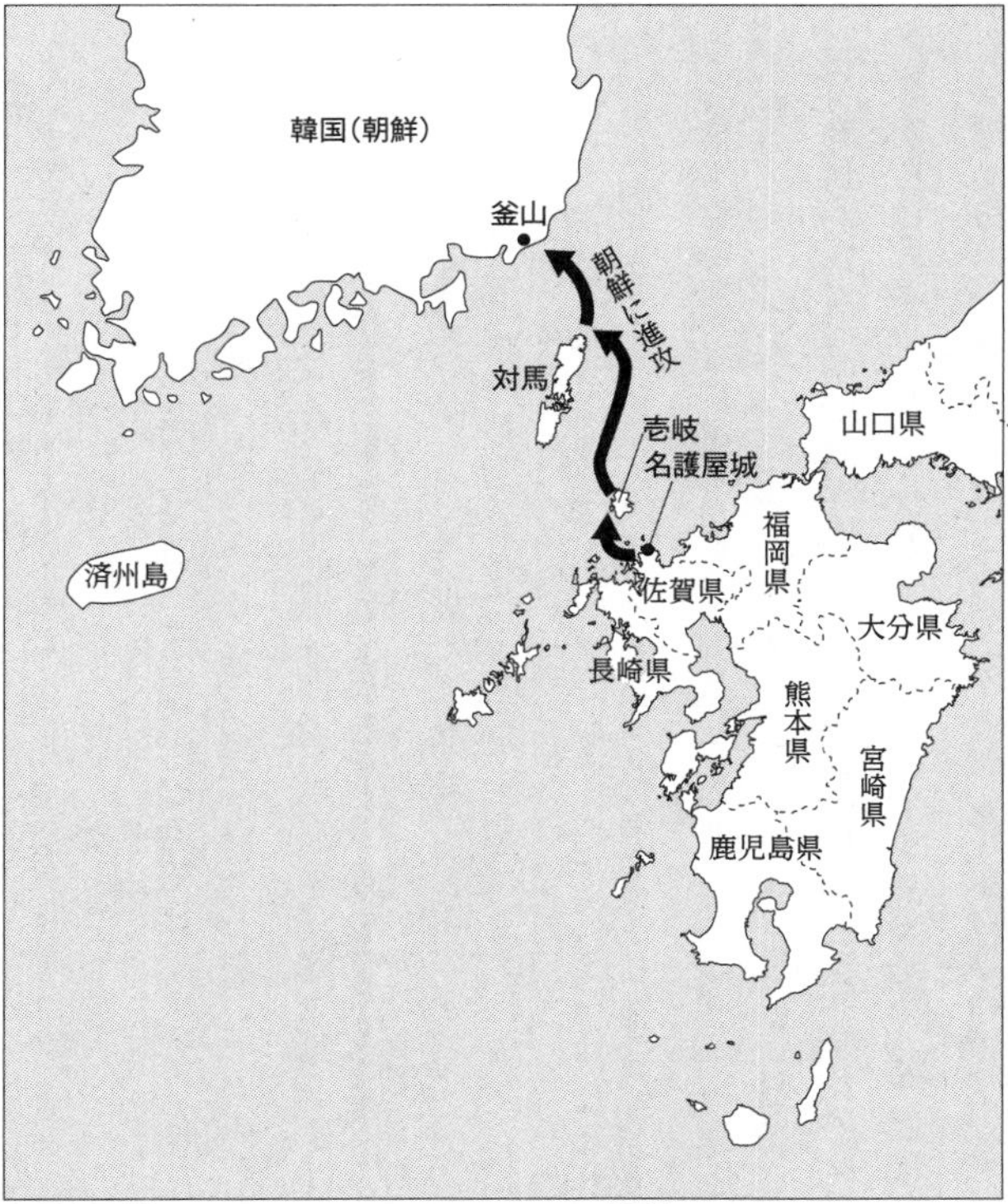

◉豊臣秀吉《とよとみひでよし》、全国統一を成し遂げ、侵略の矛先《ほこさき》を海外に向ける

秀吉は全国統一を果たした翌年の天正19年（1591年）8月、諸大名に対し、唐（中国）入りの前哨戦《ぜんしょうせん》として朝鮮出兵を来春に決行すると宣言。この朝鮮出兵は文禄元年（1592年）と、休戦を挟んで慶長2年（1597年）の二度にわたって行われた。なぜ秀吉が唐入り＆朝鮮出兵を思い立ったのか、真相は今もはっきりわかっていない。

の女婿《むすめむこ》の宗義智《そうよしとし》、加藤清正らが朝鮮目指して出航していた。

▼秀吉、名護屋城には都合一年二カ月余りの滞在

記録によると、このときの「文禄《ぶんろく》の役《えき》」ではざっと二十万の兵が出征《しゅっせい》し、十万の兵が留守部隊として名護屋に在陣《ざいじん》したという。しかし、ほとんど何もない僻地《へきち》に突然十万もの兵士が滞在することになったため、波多親が心配したとおりたちまち水不足に陥ってしまった。水源をめぐる陣屋同士の諍《いさか》いがそこここで発生したという。

同年夏、秀吉は、京都の聚楽第《じゅらくだい》にいる母大政所《おおまんどころ》（名はなか）が急死したことでいったん名護屋を離れるが、翌文禄二年（一五九三年）八月に淀殿《よどの》が秀頼《ひでより》を産むと、再び名護屋を離れ、その後二度と名護屋城に入ることはなかった。都合、一年二カ月余りの名護屋滞在であった。

慶長《けいちょう》三年（一五九八年）八月十八日、秀吉が京都の伏見城で亡くなると、文禄の役、慶長の役と七年間で二度にわたった朝鮮出兵もようやく終結する。その後、この名護屋は翌慶長四年から秀吉の家臣の寺沢広高《てらざわひろたか》が治めることになった。

寺沢広高は父広政《ひろまさ》とともに親子二代で秀吉に仕《つか》えた、豊臣家臣団では文治《ぶんち》派の武

将だった。ところが広高は、秀吉が没すると家康に近づき、慶長五年（一六〇〇年）九月の「関ヶ原の戦い」では東軍に与《くみ》した。戦後に武功が認められ、家康から天草四万石の加増を受け、旧領と合わせて十二万三千石の中堅大名となった。

▼島原の乱の終結後、完全に破却される

慶長七年（一六〇二年）、寺沢広高は東松浦半島の付け根の唐津湾に面した岬に新城の建設を開始する。この唐津城は足かけ七年の歳月をかけて慶長十三年に完成した。建設に際しては、すでに廃城となっていた名護屋城の櫓《やぐら》や門が解体されてその用材が利用されたという。また、名護屋城の大手門は伊達政宗《だてまさむね》に与えられ、仙台城に移築されたと言われているが、確かな証拠は見つかっていない。

こうした名護屋城の解体作業はこのときの寺沢広高の時代だけでなく、その後、段階的に行われたようである。それは、慶長二十年（一六一五年）に幕府から発令された「一国一城令」（諸大名に対し、居城以外のすべての城の破却を命じた法令）のときと、もう一回は三代将軍・徳川家光《いえみつ》の治世下《ちせいか》に勃発《ぼっぱつ》した「島原の乱」（寛永《かんえい》十四年＝一六三七年）のときだった。この島原の乱のときは、再び同様の暴動が起

こった際、反乱軍に利用されないための予防策だった。

三度に及ぶ解体作業によって名護屋城の痕跡《こんせき》はほぼ完全に地上から消滅した。この名護屋城の破却に限っては幕府がかなり前向きに推《お》し進めていたことがわかっている。その裏には、秀吉が行った朝鮮出兵によって断絶してしまった朝鮮国との国交を一日でも早く回復したい幕府の思惑《おもわく》が透《す》けて見えるという。

◇

徳川家康は天下の覇権《はけん》を握ると、対馬藩《つしまはん》に命じて朝鮮国との国交回復交渉に当たらせている。当初は難色を示した朝鮮国だったが、対馬藩の粘り強い交渉が奏功し、ついに慶長十二年（一六〇七年）、幕府の招きで朝鮮の使節団が来日、国交は回復した。以来、使節団は将軍が替わるたびに来日し、両国は秀吉時代以前と変わらない産業・文化面での交流を維持していったのは歴史の事実である。

朝鮮国や明国との関係を改善したい幕府にとって、使節団が来日する際の窓口となる北部九州に朝鮮出兵の象徴である名護屋城が存在することは、甚《はなは》だ具合が悪かった。そこで、秀吉が遺《のこ》した「負の遺産」を一刻も早く歴史の彼方に追いやろうとしたのだろう。

オランダ商船「リーフデ号」と関ヶ原の戦いの知られざる接点

▼関ヶ原の戦いの半年前に日本に上陸する

本稿では日本の歴史上、時代を大きく転換させるきっかけとなった外国船のその後について語ってみたいと思う。

それは、一七世紀初頭に極東《きょくとう》の島国・日本を訪れたオランダ商船「リーフデ号」のことだ。乗組員（航海士）の中に、のちに江戸幕府の外交顧問《こもん》として活躍するオランダ人のヤン・ヨーステン（東京・八重洲の地名のもとになった人物）や、元はイングランド人のウィリアム・アダムス（日本名・三浦按針《あんじん》）がいたことでも知られている。

このリーフデ号が豊後国《ぶんご》（大分県）臼杵《うすき》に上陸したのが、慶長《けいちょう》五年（一六〇〇年）三月十六日。つまり、天下分け目の「関ヶ原の戦い」（同年九月十五日。西暦では十月二十一日）が行われる半年前のことだった。この関ヶ原の戦いにリーフデ号が大きくかかわっていたという。それは一体どういうことだろうか。

▼五隻の艦隊が一隻に減ってしまう

リーフデ号が日本を目指してオランダのロッテルダムを出航したのは、一五九八年六月。リーフデ号を含め、五隻《せき》からなる艦隊だった。航路としては南米大陸最南端の海峡、すなわちマゼラン海峡を抜けて太平洋に入り、そのままひたすら日本を目指して進む計画だった。日本行きの目的は、大砲などオランダ産の最新の兵器を売りつけ、かわりに当時日本で多く産出していた銀を入手する狙いだったと見られている。

しかし、この航海は悲劇的な末路を迎えることになる。途中に直面した嵐によって一隻が沈没したり、敵対するスペイン艦隊に二隻が船ごと没収されたり、食料補給で立ち寄った島で乗組員が伝染病にかかったり――と散々なものだった。五隻の艦隊の中で、どうにか日本にたどりつくことができたのは、リーフデ号ただ一隻だった。

豊後国に上陸したのが、西暦で一六〇〇年四月二十九日。オランダを出航してから二年近くもかかったことになる。なお、教科書の多くは「漂着」という表現を使っているが、彼らは最初から日本を目指していたので（のちに発見されたアダムスの手紙によってそのことは明らか）、ここは幕末に訪れた黒船同様、「来航《らいこう》」が適切であろう。

それはともかく、このときリーフデ号には、長い航海で衰弱しきった二十四人の乗組員がいた。オランダを出航した際、船には約百十人いたそうなので、ほとんどが航海途中に伝染病などで亡くなったことになる。しかも、その二十四人のうち上陸して間もなく、地元住民の手厚い看護もむなしく半分近くが亡くなったという。その生き残った中に、アダムスとヨーステンの二人も含まれていた。

▼家康、アダムスらに大いに好感を抱く

オランダ商船が豊後に現れたという急報は、当時大坂城にいた徳川家康のもとに

届けられた。そこで家康は生存者を大坂に召喚《しょうかん》し、自ら引見《いんけん》しようとする。このとき、うわさを聞いて家康のもとに急いで駆け付けたポルトガルやスペインのイエズス会士が、「あのオランダ船は海賊なので、大坂に着いたらすぐに処刑したほうがよいでしょう」と盛んに焚《た》き付けたそうである。

しかし家康はそんな申し出に軽々しく乗るような男ではなかった。実際、アダムスやヨーステンと会ってみて、欧州《ヨーロッパ》ではポルトガルやスペインなどのカトリック系国と、オランダやイングランドなどのプロテスタント系国とが紛争中であること。さらに、イエズス会士たちにはこの日本に遅れてやって来たわれわれの存在が、今後自分たちが布教や交易を行う上で目障《めざわ》りになると感じているはず――と、何もかも正直に打ち明けてくれる彼らに対し家康は大いに好感を抱き、その後、賓客《ひんきゃく》の礼でもてなしたそうである。

もう一つ、家康がアダムスらを丁重《ていちょう》にもてなした理由として、リーフデ号が最新の兵器をたくさん積んでいるという情報を事前につかんでおり、その武器をそっくり買い取ってやろうと考えていたからでもあった。

▼関ヶ原では大砲の差が勝敗を分ける

リーフデ号が積載していた兵器の内訳だが、一説に、大型大砲十九門、小型大砲十二門、砲弾五千発、火縄銃五百挺、火薬五千ポンド（約二千三百キログラム）、その他鋼鉄製の甲冑《かっちゅう》まであったという。家康はこれらをそっくりわが物としたのである。なお、大砲類は船体に備え付けられていた物も含む。

家康はこうして手に入れた兵器を、近く行われるであろう豊臣方との戦いに切り札として活用する肚《はら》だった。決戦のときがヒタヒタと迫ってきていた時期だっただけに、家康は内心、このリーフデ号の兵器を天からの授《さず》かり物と喜んだに違いない。

一般に、関ヶ原の戦いは刀槍《とうそう》を利用した白兵戦《はくへいせん》が中心で、ほかに射撃武器としてせいぜい弓矢や火縄銃を用いたくらい、と思っている人が多いようだが、専門家の見解は異なる。この戦いでもすでにかなりの火器類が利用されているという。重火器と言われる大型大砲だけでも、西軍の五門に対し徳川方の東軍は六倍の三十門も用意していたと言われている。

この三十門の大型大砲の中に、家康がリーフデ号から買い取った大砲が含まれていたことは間違いない。つまり家康は、リーフデ号の兵器によって関ヶ原で大勝を得ることができたのである。これらの重火器は、その後の大坂方との最終決戦「大坂の陣」でも大いに威力を発揮したことは言うまでもないだろう。また、ヨーステンは砲術にも詳しく、日本人にその指南をしたとも言われている。

▼交易船でも重火器を装備していた

ところで万里の波濤《はとう》を乗り越えてオランダから日本にやって来たリーフデ号とは一体どんな船だったのだろうか。

残された史料によると、リーフデ号は全長約三十四メートル、船幅約十メートル。総トン数三百トンで、二十門前後の重火器まで装備した三本マストの木造帆船《はんせん》だった。こうした交易船《こうえきせん》の常として、いつどこで襲われるかわからない海賊を想定し、必ず重火器を装備していたという。

いずれにしろ当時の大方の日本人には見たこともない、大きくて勇壮な帆船だったに違いない。ちなみに、船名はオランダ語で「愛」を意味する言葉だった。

しかし、そんなリーフデ号も豊後に着いたときはすでにかなり傷んでいた。それでも家康の命令でいったん大坂湾に回航《かいこう》させ、その後、さらに江戸へ回航させせようとしたが、途中の遠州灘《えんしゅうなだ》で強風に遭《あ》い、急きょ相模《さがみ》国（神奈川県）の浦賀湊《みなと》に避難する。

この時点で船体はもはや手の施しようがないほど破損していた。そこで湊の片隅に係留《けいりゅう》したまま放置していたが、二年ほどたって水面に浮かんでいることも難しい状態になったため、仕方なく解体した。こうして徳川家康に天下を取らせるためにオランダからはるばるやって来たリーフデ号はただの残骸《ざんがい》と成り果てたのであった。

▼日本製の洋式帆船が太平洋を横断

最後に、ウィリアム・アダムスが関係した帆船で、リーフデ号とは別の帆船のその後について短く語ってみたい。

家康から信頼を得たアダムスは慶長九年（一六〇四年）、日本初の洋式帆船の建造を命じられる。そのためにアダムスが目をつけたのが、伊豆・伊東の松川河口《かこう》だった。この地でアダムスは、八十トンと百二十トンの二隻の帆船を完成させている。

家康は大いに喜び、アダムスに対し、三浦按針の日本名と共に現在の横須賀の一部を領地（二百五十石）として与え、旗本に列したという。青い目のサムライの誕生だった。

この二隻のうち、大型の百二十トンのほうだが、家康は、メキシコ・アカプルコに向かう船を探していたスペイン人のロドリゴという人物に貸与《たいよ》している。その後、ロドリゴによってこの船は「サン・ブエナ・ベントゥーラ号」と名付けられる。メキシコに向かう際、家康から密命を受けた京都の貿易商人・田中勝介《たなかしょうすけ》という者が同乗していた。

田中が家康から授かった密命とは、メキシコが持つ最新の銀精錬《せいれん》技術を移入することだったと言われているが、詳しいことは不明。いずれにしろ、こうして田中は太平洋を船で横断・往復した初の日本人となった（帰途はベントゥーラ号とは別の船）。

のちにベントゥーラ号はアカプルコとフィリピンのマニラを結ぶ交易船として太平洋を往来したという。

瀬戸内を代表する港町「草戸千軒」が忽然と姿を消した理由

▼洪水によって一夜にして町が消える？

現在の広島県福山市の瀬戸内海に面した一画に、かつて「草戸千軒《くさどせんげん》」と呼ばれた大規模な集落が存在した。鎌倉時代から室町時代にかけてのおよそ三百年間、瀬戸内を代表する港町・市場町の一つとして栄えていたが、江戸時代の前期、大雨のあとの河川の洪水で一夜にして跡形もなく集落は消滅してしまったという。

その後集落跡は川底で永い眠りにつき、人々の記憶から忘れ去られてしまった。

ところが、大正時代の末年から始まった河川の改修工事がきっかけで遺跡の存在が確認され、さらに昭和三十年代から本格的に行われた発掘調査によって、「川底に埋もれた中世の町」はその姿を現し始めたのだった。

一体、全盛期の草戸千軒とはどんな集落だったのだろうか。そして、千軒もあったとされる一大集落が一夜にして消えるという自然災害が本当に起こったのだろうか。そのあたりの謎を絡《から》めながら、川底から甦《よみがえ》ってからのその後をたどった。

▼江戸中期の文献に初めて名前が登場

この草戸千軒のように、かつて○○千軒と名付けられた地名が日本の各地に存在していたのをご存じだろうか。

たとえば、武田信玄《たけだしんげん》が活躍した時代、武田氏の軍資金を支えたと伝わる金鉱山が現在の山梨県東北部にある鶏冠山《けいかんざん》の山中に存在し、当時そのあたりに「黒川千軒」と呼ばれる集落が広がっていた。暮らしていたのは鉱山稼業の、いわゆる山師《やまし》集団（「金山衆《かなやま》」と呼ばれた）で、遊女屋まであったそうである。

同じ鉱山関連では、現在の三重県多気町《たきちょう》に「丹生《にゅう》千軒」と呼ばれた集落があった。金鍍金《めっき》には欠かせない「伊勢水銀」を採掘した場所だ。お隣の奈良県の吉野町の周辺にも「岩倉千軒」「鎌倉千軒」「広野千軒」などいくつもの千軒集落の名前が伝わっている。また、岡山県備前市の鹿久居島《かくいじま》はその昔、「鹿久居千軒」と呼ばれたほど、漁民で賑《にぎ》わったそうである。いずれにしろ、「かつては繁栄していたものの、その後さびれてしまった集落」に対し、千軒の名をつけて呼ぶという共通項があるようだ。

――草戸千軒に話を戻そう。草戸千軒の名前が初めて登場する文献は、江戸中期に備後国《びんごのくに》（広島県東部）福山藩の藩士・宮原直倁《みやはらなおゆき》が著《あらわ》した『備陽六郡志《びようろくぐんし》』という地誌で、瀬戸内海に流れ出る芦田川《あしだがわ》の河口付近に草戸千軒という集落があったが、寛文《かんぶん》十三年（一六七三年）に洪水で流された、という土地の言い伝えが記録されていた。

▼人命が大切か、遺跡が大切か

しかしその後、草戸千軒の存在は永く忘れ去られてしまう。草戸千軒の名前がようやく人々に知られるようになったのは昭和の初めのことだった。

芦田川の改修工事（流れを変更する付け替え工事）を行っていたさなかに、中州の土砂《どしゃ》から中国の陶磁器や古銭などが大量に見つかり、それらの遺物が『備陽六郡志』に記された草戸千軒にかかわる物ではないかとの指摘が専門家からなされたのだ。しかし、そのときはそれ以上の調査が行われることはなかった。

より本格的な発掘調査が行われたのは、太平洋戦争を挟んだ昭和三十六年（一九六一年）のことで、このときの調査で初めて草戸千軒の存在が確認される。さらに昭和四十年に行われた三回目の調査において中世の町並みが川底にそっくり埋もれていることがわかり、学界だけでなく一般の人たちの関心も誘った。

ところがその後、芦田川の度重なる洪水被害を防ぐために改修工事が計画され、歴史学者たちを驚かせる。その工事によって草戸千軒の遺跡が破壊される恐れが出てきたからだ。やがて工事推進派と遺跡保存派との間で論争となり、しまいには「人命が大切か、遺跡が大切か」という極論にまで発展してしまう。

この論争は数年続いたが、結局、発掘調査を済ませたあとで改修工事を行うということで一応の落着を見た。

▼遺跡全体で二百以上の井戸がみつかる

こうして昭和四十八年（一九七三年）から平成六年（一九九四年）までの二十一

年間、断続的に本格的な調査が実施され、その調査から草戸千軒の全容が細大漏らさず浮かび上がってきた。

発掘調査は芦田川の河口付近にある中州を中心に行われた。よく勘違いされるのだが、草戸千軒の町が元々その中州にあったと思っている人もいるようだが、それは違う。大正末期から昭和の初めにかけて行われた河川の付け替え工事によって流れを変更した結果、遺跡の大部分が川に沈み、ほかよりも少し盛り上がっていた中心部だけが中州として孤立してしまったというのが真相だ。

調査でわかった町の様子だが、まず井戸が遺跡全体で二百基以上も発見された。これだけでも集落の繁栄の様子がしのばれる。さらに小舟が通ったであろう堀割や道路、排水のための溝、ごみ捨て場、墓地もみつかっている。遺物としては、中国で造られた銅銭約二万枚をはじめ、食器類などの焼物、漆器、金属製の大工道具や農具、装身具、さらに木簡《もっかん》も多数出土している。

木簡とは、まだ紙が十分に普及していない時代にメモ代わりに利用された木の札のことで、この草戸千軒で出土した木簡には物品名や数量・金額・商行為などを記したものが多くみつかっている。

▼繁栄していたのは一六世紀初頭まで？

これらの木簡は、草戸千軒が内陸部の府中方面から流れてくる芦田川の河口に近く、さらに瀬戸内海の海上交通と西側の尾道に抜ける陸上交通の結節《けっせつ》点にあたるところから、周辺一帯の物流拠点だったことをしのばせるのに十分な証拠品だった。

そして、これらの遺物・遺構から、草戸千軒が鎌倉時代の一三世紀中ごろから室町時代の一六世紀初頭まで瀬戸内を代表する港町・市場町の一つとして栄えていたことがわかったのだという。

ここで大事なことは、草戸千軒が繁栄していたのは一六世紀初頭までというところだ。なぜそのことがわかるかと言うと、遺跡の中の井戸や溝が一六世紀初頭になって一斉に埋められていたからだ。しかも、それは洪水によるものではなく、明らかに人為的に行われたものだという。

このことから、一六世紀初頭に何らかの政治的・社会的な要因から集落は人が住まなくなり、その後、百五十年ほども廃墟《はいきょ》の状態が続いたが、江戸期の寛文十三年に起こった洪水によってその廃墟が川底に沈んだと考えたほうが最も合理的だという。

では宮原直倁はなぜ『備陽六郡志』の中で、洪水が「廃墟を川底に沈めた」と書かずに「千軒の町家を押し流した」と記したのだろう。町家と書かれたのでは、誰もがそこに人が住んでいたと思うはずだ。

◇

宮原が『備陽六郡志』を著したのは、一六七三年の洪水から百年近くたった一八世紀中・後半とみられている。ということは、その時点で、洪水が起こったときの草戸千軒の様子を土地の人に聞こうと思っても、それはできない相談だったのだ。

それゆえ、たんに洪水被害の恐ろしさを後世に伝えるために、ついつい「千軒の町家を押し流した」と筆がすべってしまったのかもしれない。

この説はあくまで確証の乏しい憶測に過ぎないが、出土資料の研究が今も進められているだけに、いずれそのあたりの謎が解ける日が訪れるに違いない。

タイ王朝で活躍した山田長政の「日本人町」がたどった〝いばらの道〟

▼四百十六年間も存続したアユタヤ王朝

舞台のほか映画にもなったミュージカルの名作で、近年ではブロードウェイで渡《わた》辺謙《なべけん》が物語に登場するシャム王を演じたことでも話題になった作品に「王様と私」がある。シャムとは二〇世紀中頃までのタイ王国の旧称である。

この物語に登場するタイの王様のモデルは今日まで続くチャクリー王朝のラーマ四世といい、日本の幕末期に実在した王様である（現在はラーマ十世が在位）。チャクリー王朝の前がトンブリー王朝で、こちらはわずか十四年の短命王朝だった。その前がアユタヤ王朝といい、西暦では一三五一～一七六七年まで四百十六年間も続いた。これを日本に当てはめると、室町幕府が始まったあたりから江戸時代の後期まで存続した長期政権だったことがわかる。この時代、タイがいかに繁栄していたかこれでわかろうというものである。

このアユタヤ王朝の時代、王都アユタヤの郊外にあった日本人町に単身乗り込んでたちまち頭角を現し、王朝を守る日本人傭兵《ようへい》部隊を率《ひき》いるまでになった人物に、山田長政《やまだながまさ》がいる。この人物の名前は知っていても、タイに渡ってから具体的にどんな活躍をしたのかよく知らない人も多いはず。

そこで本稿では、そのあたりの謎と、長政が亡くなってからアユタヤの日本人町は一体どうなったのかを追跡した。

▼海外雄飛の夢に人生を賭ける

山田長政は謎多き人物である。彼の日本時代に関する史料がほとんど残っていないからだ。通説では天正十八年（一五九〇年）に駿河《するが》国（静岡県）で生まれたという。天正十八年と言えば、豊臣秀吉《とよとみひでよし》が小田原と奥州を平定し、全国統一を成し遂げた年である。生国に関しては伊勢《いせ》国（三重県）や尾張《おわり》国（愛知県）とする説もある。

若いころ、沼津藩に仕《つか》える武士だったが、ごく末端の部類で、六尺《ろくしゃく》（駕籠《かご》かき）をしていたという。もともと上昇志向が強かったのだろう、二十歳《はたち》頃にこのままでは生涯うだつが上がらないと考えたらしく、思い切って日本を飛び出すことを決意する。

そのころというのは、豊臣方との最終決戦（のちの「大坂の陣」）を間近に控えた徳川家康《とくがわいえやす》が天下をほぼ掴《つか》みかけていた時代で、秀吉から継承した朱印船《しゅいんせん》貿易を最も盛んに推《お》し進めていた時代でもあった。つまり、のちの鎖国《さこく》時代と違って海外がごく身近に感じられる時代だったのだ。そうした風潮に後押しされる形で、海外雄飛の夢に自らの人生を賭《か》けてみようと誓ったのだろう。

実際、「関ヶ原の戦い」（慶長五年＝一六〇〇年）で負け組となり、行き場を失った浪人が裸一貫で朱印船に乗り込み、東南アジアなどに逃亡を図るということが当時は珍しくなかった。若い長政はそのことに勇気をもらったに違いない。

こうして長政が、インドシナ半島中央部にあるタイ王国目指して、長崎から朱印船に乗り込んだのは、一六一〇～一六一二年の間だと言われている。

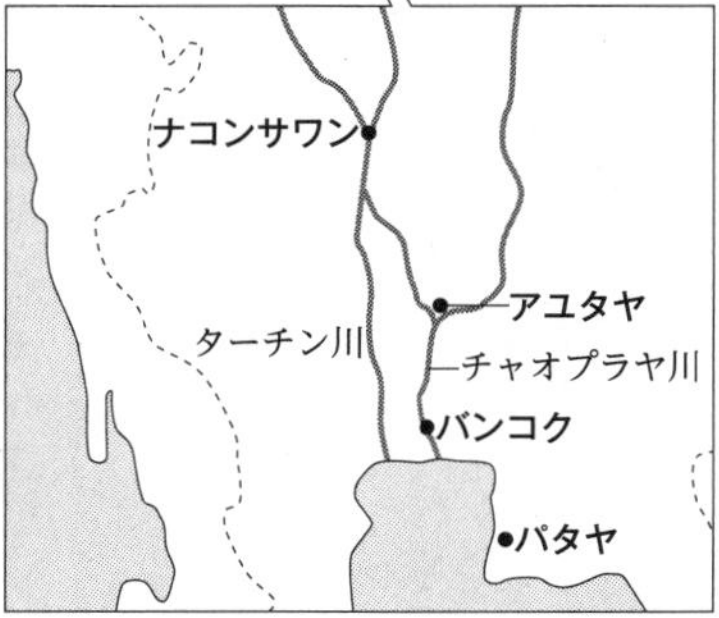

◉太く短い人生を奔馬《ほんば》の如く駆け抜けた山田長政《やまだながまさ》

江戸時代前期、シャム（現在のタイ）内陸部のアユタヤにあった日本人町を中心に東南アジアで活躍した長政。日本にいれば一介《いっかい》の駕籠《かご》かきで終わっていたかもしれない男は、若くして海外に雄飛し、最後には一国の王にまでのし上がったわけだが、もしも彼が、日本の戦国乱世のまっただなかに生きていたとしたら、一体どんな活躍を見せてくれただろうか。

▼すでに一四世紀から日本人町があった

現在、タイの首都はご存じのようにバンコクだ。国を南北に流れ、タイ湾にそそぐチャオプラヤ川（かつてはメナム川とも）の河口から約三十キロメートル遡《さかのぼ》った所にある都市である。しかし、長政が渡った頃のタイは、このバンコクからさらにチャオプラヤ川を七十キロメートルほど遡った所にあるアユタヤに首都が置かれていた。

一七世紀のアユタヤは世界でも有数の貿易都市で、東の中国・ベトナム・日本と、西のインド・ペルシャ・ヨーロッパをつなぐ中継地として繁栄を謳歌《おうか》していた。したがって世界の五十カ国余りから集まってきた雑多な人々がここで賑《にぎ》やかに暮らしていたという。諸外国の多様な宗教や文化を垣根無しで受け容《い》れるこの懐《ふところ》の深さこそがアユタヤ王朝を四百年以上も存続させた要因と考えられている。

このアユタヤには一四世紀頃からすでに日本人町ができており、千人余りの日本人が貿易の仕事や国の傭兵を仕事として暮らしていたという。関ケ原の戦い後、負け組となった浪人たちが追及を逃れるためにアユタヤを目指したことで、この時期、一気に二倍近くの約二千人にまで町の人口が増えたらしい。

長政がこの日本人町に入ったとき、頭領（町長）は城井《しろい》久右衛門《きゅうえもん》、傭兵部隊の隊長は津田又左衛門《つだまたざえもん》という者が務めていたという（異説あり）。城井は加賀前田家の浪人と伝わるが、津田の人物像はよくわかっていない。

▼スペインを二度も撃退する

長政という人はよほど軍事的才覚に恵まれていたのだろう、傭兵部隊に入ってすぐに頭角を現し、短期間で傭兵部隊を津田から引き継ぐまでになる。そして一六二一年というから、長政が三十一歳のとき、マカオの争奪《そうだつ》をめぐってタイとスペインが戦争状態となり、世界に冠たるスペイン艦隊がチャオプラヤ川を遡ってアユタヤに攻め込もうとしたことがあった。

このとき日本人傭兵部隊を率いて水上警備に当たっていたのが長政だ。彼は相手の軍艦に火を放つなどの奇襲作戦を成功させ、二度にわたるスペイン艦隊の侵攻を見事に撃退する。この戦功によって国王ソンタムは長政への信頼を強め、勲章を授けると同時に、チャオプラヤ川を通る船から徴税《ちょうぜい》する権利まで長政に与えた。

その後長政は、日本人町の頭領となったことで、貿易に傭兵に、一段と忙しく立ち働いた。アユタヤ使節が日本に向かった際などは、部下を同行させて斡旋《あっせん》の労を執《と》ることまで行っている。また、当時の幕府の有力者に対し何度も贈り物や書状を送ったりもしているという。

傭兵の仕事もおろそかにせず、内乱や外征があるたびに傭兵部隊を率いて最前線で戦った。長政の傭兵部隊は向かうところ敵なしだった。

▼一国の王にまで上り詰める

これは、長政が率いる日本人傭兵部隊の多くが戦国乱世の荒波をくぐってきた精兵ぞろいだったということもあるが、長政自身、過去の戦上手《いくさじょうず》と言われた日本の武将の戦法をよく学んでいたことが大きかった。

たとえば木曽義仲《きそよしなか》と平家軍が戦った倶利伽羅峠《くりからとうげ》で、義仲が角《つの》に松明《たいまつ》を括《くく》り付けた牛を放して敵陣を混乱させたときの奇襲戦や、織田信長《おだのぶなが》が「長篠《ながしの》の戦い」で武田騎馬軍団を撃破したときの鉄砲の三段撃ちなどを参考に、そこに自分なりの独創性を加えた戦法を編み出し、実際の戦闘で採用していたことがわかっている。

こうして戦功を重ねたことで国王ソンタムはますます長政を信頼するようになり、

一六二八年にタイの最高の官位の一つ「オークヤー」を授与《じゅよ》するまでになる。

ところが、長政の絶頂期は長続きしなかった。同じ年、長政を引き立ててくれたソンタム王が亡くなると、周囲に不穏《ふおん》な空気が漂い始める。長政は王位継承《けいしょう》争いに巻き込まれ、長政をよく思わない勢力の陰謀で、アユタヤからはるか南にあるアユタヤ王朝配下のリゴール王国の王として左遷《させん》させられてしまったのだ。

しかし、従属国《じゅうぞくこく》とはいえ王は王である。こうして約二十年前に日本から大志を抱いて朱印船で単身やって来た若者は、ついに一国の王にまで上り詰めたのであった。

▼長政亡き後の日本人町

一六三〇年、リゴール王となった長政だったが、すぐに不幸が襲ってきた。南のパタニ王国と戦闘中に右足を負傷し、その傷がもとで亡くなってしまったのだ。一説に、何者かが薬だと偽《いつわ》って傷口に毒薬を塗ったのだという。真偽《しんぎ》の程はわかっていない。いずれにしろ長政がリゴール王だったのは一年ほどの短期間であった。

長政が亡くなったときアユタヤ王朝は、ソンタム王の母の兄の子とされるシーウオーラウォン（のちにプラーサートトーン王と名乗る）という人物が王位に就《つ》いていた。彼は長政の生前、軍事に才能を発揮する長政を嫌っていたと言われている。

プラーサートトーン王は長政が亡くなったことを知ると、即座に兵を出動させてアユタヤ郊外の日本人町に焼き討ちをかけさせ、住民を虐殺《ぎゃくさつ》。ところが、その二年後の一六三二年になり、なぜかプラーサートトーン王は海外に避難していた日本人たちをアユタヤに呼び戻し、日本人町を再建させている。これは当時、貿易で幅を利かせてきたオランダを牽制《けんせい》するために、勇猛さで知られた日本人の傭兵部隊を復活させようと考えたのではないかと見られている。

▼幕府の鎖国令によって流入が途絶える

しかし、この日本人町は二度とかつてのような繁栄を取り戻すことはなかった。海外に逃れていた日本人たちはプラーサートトーン王を怖れて三百人程度しか戻ってこなかったからだ。さらに本国・日本側の事情も関係していた。

朱印船貿易に積極的だった家康が亡くなり、寛永《かんえい》十二年（一六三五年）には江戸幕府が東南アジア方面への日本人の渡航及び日本人の帰国を禁じる「第三次鎖国令」を発布《はっぷ》したことで、アユタヤへの日本人の流入が途絶えてしまったからだ。

そうなると日本人町の日本人の数は減少化の一途をたどり、周辺のタイ族の人々と同化したこともあり、一八世紀を迎えた頃には町自体が自然消滅したと見られている。

現在、日本人町があった場所は日本人観光客の観光スポットになっている。「アユチヤ（アユタヤ）日本人町の跡」という日本語の石碑が立ち、記念館もある。

現地を観光で訪れた際は、およそ四百年前に裸一貫でタイに渡り、自らの才覚と度胸で一国の王にまで上り詰めた日本人がいたことを、ぜひ思い起こして欲しい。

「生類憐みの令」で作られた「犬の収容施設」は、その後どうなった？

▼綱吉が亡くなると法令は直ちに撤回

江戸幕府に十五人いた将軍の中で、「犬公方《いぬくぼう》（公方は将軍のこと）」とあだ名をつけられた将軍がいる。ご存じ、五代将軍・徳川綱吉《とくがわつなよし》である。初代将軍・家康《いえやす》の曾孫《ひまご》にあたる人物で、学問を好み、文治《ぶんち》政治を推進したことでも知られる将軍だ。

そんな綱吉が将軍在職中（一六八〇〜一七〇九年）に、犬をはじめとする生き物全般を大切にせよとの法令を繰り返し打ち出した。およそ二十年間で百回を超えるという。後世の人たちはそんな法令をひとまとめにして「生類憐《しょうるいあわれ》みの令」と呼んだ。

綱吉が丙戌年《ひのえいぬどし》生まれであったため、殊更《ことさら》犬が大切に扱われた。飼い犬、野犬を問わず、それを傷付けた場合、捕縛《ほばく》されて極刑《きょっけい》に処されることも珍しくなかった。そのため特に江戸市中には野犬があふれかえった。困った幕府は江戸の野犬を一カ所に集めて隔離《かくり》するという思い切った政策を打ち出す。「御囲《おかこい》」、または「御用屋敷」と呼ばれた収容施設がそれである。

ところが、綱吉が亡くなると幕府はこの法令を直《ただ》ちに撤回し、収容施設も解体されてしまう。そうなると気になるのが、それまで施設に収容されていた、最大時で二十万頭とも言われた犬の行方《ゆくえ》だ。再び市中に解き放たれたのであろうか。それとも庶民が腹いせにすべて虐殺《ぎゃくさつ》してしまったのであろうか――。

幕府により江戸郊外の中野で運営されていた広大な犬の収容施設の実態とともにそのあたりの謎を追ってみることにしよう。

▼犬に乱暴を働いている者を見たらすぐ通報

そもそも綱吉が「生類憐みの令」を出した理由だが、母・桂昌院《けいしょういん》が深く帰依《きえ》していた隆光僧正《りゅうこうそうじょう》から「あなた様（綱吉のこと）に子ができないのは前世で多くの殺生《せっしょう》を行った報《むく》い。これからは生き物すべてを慈《いつく》しむこと。とりわけあなた様は戌年であらせられるため、犬を大切になされたらよろしかろう」と進言されたことがきっかけになったと言われている。

学問好きとはいえ、多分に独善的で、為政者《いせいしゃ》にとって都合のよい教えで成り立っている儒教《じゅきょう》に凝《こ》り固まっていた綱吉は、この隆光の進言を素直に信じ込み、次々と生き物を保護する法令を打ち出すようになる。

最初こそ、「将軍が通る際、犬猫を繋《つな》がずに放しておいても構わない」といったかわいい内容だったが、そのうち段々エスカレートし、犬に関することだけでも「犬猫に芸を仕込んで見世物にすることは禁止」「犬に乱暴を働いている者を見たら、すぐ通報せよ」「町内にいる犬の毛色を登録しておくこと」などと続いた。

もしもこれらの法令を破ると、入牢《じゅろう》や江戸追放、島流し、ときには死罪を命じられることもあった。実際、野犬に咬《か》まれたのでやむなく刀や棒きれで追い払ったところ、犬を傷付けたと言われ、罪に問われる武士や町人が相次いだという。

▼収容施設までは駕籠で運ぶ

この「生類憐みの令」の取り締まりが特に江戸で厳しかったのは、やはり江戸が将軍家のお膝元だったからだ。それゆえ江戸で暮らす武士も町人も、外出の際は犬に出会わないよう細心の注意を払いながら道を拾い歩きしたようである。

こうして犬がらみで面倒なことに関わりたくないと考える人が増えたことで、飼っている犬を放逐《ほうちく》するケースが続出する。するとこれら宿なしとなった犬たちは空腹に耐えきれず、通りすがりの子どもを襲うようになったのは当然の帰結だった。

幕府では、さすがにこれではまずいと考えたらしく、江戸市中の野犬を残らず集めて一カ所に隔離する計画を思いつく。幕府が最初の収容施設として元禄《げんろく》五年（一六九二年）に開設したのが、江戸郊外の喜多見村《きたみむら》（現・世田谷区）だった。

その後、この喜多見村の犬舎《けんしゃ》だけではとても足りなくなり、幕府は四谷（約一万九千坪）、大久保（二万五千坪）と相次いで新しい犬舎を開設する。こうして江戸市中から集められた犬たちは四谷や大久保に次々と運ばれた。運ばれる際、駕籠《かご》が利用されたというから、まったく馬鹿げた話だった。

そのうちこれら三つの収容施設でも足りなくなり、現在の中野区に広大な用地（一部杉並区を含む）を確保し、犬舎の普請《ふしん》に乗り出す。『徳川実紀《じっき》』によるとこの中野の犬舎が落成したのは元禄八年十月のことだという。

▼維持費は町民や農民から取り立てる

この中野の犬舎用地は、それまで土地を所有していた周辺の農民や寺から幕府が収公《しゅこう》（官府がとりあげること）したもので、最大時にはおよそ三十万坪（正確には二十九万七千六百五十二坪）にも達した。これは東京ドーム約二十一個分もの広さだった。現在の中央線のＪＲ中野駅から同高円寺駅にかけての一帯がそれにあたる。

用地は一之御囲から五之御囲まで五つに分かれていた。普請に要した費用はざっと二十万両。主に美作国《みまさかのくに》（岡山県北東部）津山藩の森家と丹後国《たんごのくに》（京都府北部）峰山藩の京極家《きょうごくけ》が担当した。幕府からの補助は一文もなく、すべて両藩の持ち出しだった。このときの手伝い普請が原因で津山藩の森家は財政難に陥《おちい》り、のちに取り潰《つぶ》しに遭《あ》っている。森家にすれば「憎んでも憎みきれないお犬さま」であった。

この中野の犬舎には、四谷や大久保の犬舎が閉鎖されて一本化されたこともあり、常時十万頭以上、多いときは二十万頭もの犬が収容されていたという。そうなると当然、餌代などにかかる維持費用は莫大《ばくだい》なものとなった。

餌は一頭につき一日に白米三合と干しイワシ一合、味噌などが与えられたというから、豪勢だ。そのほか食事や散歩の世話係、犬医者も常駐していただけに年間の維持費は七万〜十万両（現在のお金で七十億〜百億円）にもなった。これらの費用は、幕府が町民や農民から徴収《ちょうしゅう》した「犬扶持《いぬぶち》（犬税）」でなんとか賄《まかな》ったと言われている。

▼御囲の中では雄と雌を分けて収容？

そんな中野の犬舎も、宝永《ほうえい》六年（一七〇九年）正月に徳川綱吉が六十四歳で亡くなると、「生類憐みの令」の廃止を受け、直ちに撤去されることになった。撤去後の用地は元の所有者に返却され、田畑として甦《よみがえ》った。こうして江戸中の野犬を集めた中野の犬舎は十三年ほどで歴史上から消えたのである。

気になるのが、犬舎の撤去時に収容されていた犬たちのその後だが、実はこの件に関して触れた史料は見つかっていない。人が住まない離島に連れていかれたとか、それまでの腹いせで庶民の手で皆殺しにされたとか、様々な説が出ていることは事実。しかし、それならその証拠があってもよさそうなものだが、野犬だらけの離島も、多くの犬が虐殺されて埋められたという塚穴も、どこにも存在した形跡はない。

おそらくは開設から十年もたつと寿命によってピーク時のそれよりも収容頭数は大幅に減っていたはずだ。しかも、子犬を産ませないために御囲の中では雄《おす》と雌《めす》を分けて収容していたと見られること。撤去する数年前から周辺の村々に預かってもらう「村預け」が盛んに行われていたこと——などを考慮すれば、撤去時の収容頭数はピーク時と比べ激減していたに違いない。

結果的に残った犬たちは、犬舎が撤去された当日にはその場から追い払われて散り散りになったと考えたほうが理に適《かな》っているように思えるが、いかがだろうか。

現在、中野区役所がある中野四丁目付近は一九六〇年代まで「囲町《かこいちょう》」という名で呼ばれていた。かつてそのあたりに御囲施設があった名残《なごり》である。

吉良邸に討ち入った「赤穂浪士の遺品」をめぐるその後の話

▼江戸を騒がせた吉良邸討ち入り事件

江戸の中期、元禄《げんろく》十五年極月《ごくげつ》十四日（西暦では一七〇三年一月三十日）夜半、大石内蔵助《おおいしくらのすけ》以下、播州《ばんしゅう》（兵庫県南西部）赤穂藩浅野家《あこうはんあさのけ》の家臣だった四十七人の浪士が、両国の回向院《えこういん》そばにあった吉良邸《きらてい》を襲撃し、当主・吉良上野介《こうずけのすけ》の首をあげた。これこそ江戸の人々を狂喜させた「吉良邸討ち入り事件」である。

この事件、元はと言えば大石たちの旧主である浅野内匠頭長矩《たくみのかみながのり》が、江戸城内において高家職《こうけ》（幕府における儀式や典礼《てんれい》を司る《つかさど》役職）の上野介に対し、「遺恨《いこん》」を理由に場所柄もわきまえず斬りかかった、いわゆる「松之廊下刃傷事件《まつのろうかにんじょうじけん》」が発端になっているのはご存じのとおり。

▼武士の体面を重んじて切腹と決まる

浪士たちは上野介を討ち取ると、仇《あだ》を報じたことを亡君に報告するため亡君の霊が眠る高輪《たかなわ》の泉岳寺《せんがくじ》に詣《もう》で、墓前に上野介の首を供《そな》えた。その後、本懐《ほんかい》を遂げたことで満足したのか、ただちに幕府に自訴《じそ》して出たということも、これまたご存じのはずだ。

大石たちは四組に分けられた後、それぞれ別々の大名屋敷に預けられ、幕府の裁定が下されるのを待つことになった。

年が明けて、その幕府の裁定が出た。浪士たちは全員切腹と決まり、預けられていた大名屋敷でただちに刑が執行された。武士としての体面を斟酌《しんしゃく》したものか、斬首《ざんしゅ》ではなく切腹と決まったことで浪士たちは一様に満足の様子だったという。元禄十六年二月四日（西暦で三月二十日）のことで、その後、浪士たちの遺体は亡君の霊が眠る泉岳寺に集められ、墓地に埋葬されている。

本稿では、この赤穂浪士たちの遺体を埋葬する際、浪士たちが吉良邸討ち入りで使った武器や持っていた私物はどう処分されたのかを調べてみた。

▼粥を食べ終えて居眠りを

最初に、大石ら赤穂浪士たちが泉岳寺にある亡君の墓に詣でてから切腹に至るまでの約五十日間、預けられた大名家でどのように過ごしていたのか、簡単に触れておきたいと思う。

上野介の首級《しるし》を掲げて吉良邸を引き揚げる途中、大石は吉田忠左衛門《よしだちゅうざえもん》と富森助右衛門《とみのもりすけえもん》の二人に命じて、幕府大目付・仙石伯耆守久尚《せんごくほうきのかみひさなお》の屋敷へ出頭させ、討ち入りの次第を報告させていた。

浪士たちが泉岳寺に到着したのが、十五日の午前七〜八時頃。門前に突如現れた浪士たちを見て、門番は腰を抜かしてしまった。それはそうだ、手に手に薙刀《なぎなた》や手槍《てやり》、掛矢《かけや》（大型の槌《つち》）などを持った異様な風体《ふうてい》の一団がそこに集まっていたのだ。驚くなというほうが無理だった。

その後、亡君の墓前で焼香を済ませた大石たちは、寺側の好意で衆寮《しゅりょう》（僧侶の寄宿舎）に案内され、粥《かゆ》をふるまわれる。食べ終えると、張り詰めていた緊張の糸がはじめて緩《ゆる》んだものか、ほとんど全員、その場で仮眠してしまったという。

目覚めると、ちょうど仙石伯耆守の屋敷から使者がやって来て、全員、仙石邸に出頭せよ、との命令が下る。こうして大石たちは仙石邸に集められ、早くもその日の夜中には四大名家に預けられることになった。

▼浪士十七人を八百五十人でお出迎え

赤穂浪士四十六人（寺坂吉右衛門《てらさかきちえもん》を除く）が預け先に決まった大名家とは、細川《ほそかわ》綱利《つなとし》（肥後《ひご》熊本藩）、松平定直《まつだいらさだなお》（伊予《いよ》松山藩）、毛利綱元《もうりつなもと》（長門府中《ながとふちゅう》藩）、水野忠之《みずのただゆき》（三河《みかわ》岡崎藩）の四家であった。このうち赤穂浪士を迎え入れることに最も感激し興奮していたのが、細川公だった。

　この細川家には、千五百石取りの大石内蔵助をはじめ、片岡源五右衛門《かたおかげんごえもん》、原惣右衛門《はらそうえもん》、近松勘六《ちかまつかんろく》、吉田忠左衛門ら赤穂藩でも比較的高禄《こうろく》（二百～三百五十石）をもらっていた者を中心に十七人が割り振られていた。

　この十七人を受け入れるのに際し細川公は、浪士の護衛役として家臣八百五十人余りを江戸家老の三宅藤兵衛《みやけとうべえ》に与え、愛宕下《あたごした》の仙石邸から駕籠《かご》に乗せて白金《しろかね》にあった細川家の下屋敷まで移送させている。

大石らが下屋敷に到着したときはすでに深夜二時を回っていたが、細川公は寝ずに待っていた。余程興奮が抑えきれなかったのだろう。

そして、大石らと対面し、「いずれも忠義の至り、感心である」とねぎらい、風呂や豪華な食事、菓子、煙草《たばこ》などをすすめた。のちに細川公は、幕府に助命嘆願《じょめいたんがん》を行い、浪士たちをそのまま召し抱えたいとまで願い出ていたという。

▼細川家に対し江戸庶民から称賛の声が

一方、細川家以外の三家は当初、浪士たちを幕府に命じられた通りただの罪人として扱った。毛利家や水野家などは彼らを長屋にひとまとめにして押し込め、外へ出られないよう戸障子《としょうじ》を釘《くぎ》付けするほどだった。

ところが、細川家の賓客《ひんきゃく》をもてなすような行き届いた待遇を伝え聞いた江戸庶民が挙《こぞ》って細川家を称賛し、片や毛利家などの三家に対し、「それでも同じ武士か」などとあからさまに悪口を言ったものだから、毛利家など三家はあわてて手の平を返したように待遇を改善したそうである。

とにかく細川公の赤穂浪士に対する肩入れは度を越していた。赤穂浪士たちの助命祈願のために自ら近くの愛宕山《あたごやま》に何度も詣《もう》でたほか、その祈願が叶《かな》うまで生臭物《なまぐさもの》(魚肉など)は一切とらず精進《しょうじん》料理を通すと宣言するほどだった。

しかし、こうした必死の願いも空しく、処分が切腹と決まると細川公は「軽き者に介錯《かいしゃく》を任せるのは無礼に当たる」として、大石の介錯人には重臣の中から安場《やすば》一平《いっぺい》を選んでいる。なお、このときの介錯刀は安場家に伝承されている。

さらに細川公は泉岳寺に対し、三十両の葬儀代と五十両の布施《ふせ》を出していた。また、浪士たちの血で染まった庭を清めようとしたときには、「彼らは細川家の守り神である。そのままにしておくように」と言ったそうである。

▼十七士の遺髪を熊本に持ち帰る

主君がこうだから、家来の中に浪士びいきの者がいても不思議はなかった。その第一番の人物こそ、のちに「四十八人目の同志」と称されることになる、物頭役《ものがしらやく》二百五十石取りの堀内伝右衛門《ほりうちでんえもん》である。伝右衛門はこのたびの軟禁《なんきん》状態に置かれた大石以下浪士十七人の世話役を任されており、のちに彼が著《あらわ》した『堀内伝右衛門覚書《おぼえがき》』は赤穂事件研究の第一級の史料として評価が高い。

伝右衛門、このとき五十八歳。藩では無類の人情家として知られていた。討ち入りに感動した伝右衛門は、預かった約五十日間に彼らから受けた印象や日常の様子をこまめに書き留《と》めたばかりでなく、誰に命じられたわけでもないのに、浪士たちの親類縁者を探し出し、使者を立てて浪士たちの近況を伝えることまで行っていた。

こうした伝右衛門の好意は、罪人を預かった場合の幕府の規則に違反していることになるため、伝右衛門は家老から度々《たびたび》注意を受けた。しかし伝右衛門は浪士の身内に近況を知らせることを止めなかったという。

のちに隠居した伝右衛門は、十七人の浪士からもらっていた遺髪《いはつ》を、自らの知《ち》行《ぎょうち》地である現在の熊本県山鹿《やまがし》市に持ち帰り、菩提寺《ぼだいじ》（日輪寺《にちりんじ》）に塔を建て、丁寧に葬《ほうむ》った。この遺髪塔は今日まで守り継がれている。これが機縁となり、二〇〇二年には赤穂市と山鹿市は姉妹都市提携を結び、友好関係を深めている。

▼常識では考えられないことを成し遂げた

浪士たちの切腹は前述したように元禄十六年二月四日、預けられているそれぞれの大名家で執《と》り行われた。大体午後四時頃から始められ、遅くても六時ごろには終了した。その後、遺体はすぐにそれぞれの大名家から泉岳寺に送られた。

遺体を迎え入れた泉岳寺では、故人に引導《いんどう》を渡した後、桶《おけ》に入れ、土中深く埋葬した。故人の戒名《かいみょう》は、ときの泉岳寺住職・酬山長恩《しゅうざんちょうおん》によって付けられ、全員に「剣」と「刃」の二文字が織り込まれた。たとえば大石内蔵助の場合、「忠誠院刃空浄剣居士《こじ》」といった具合。これは禅問答の公案に由来し、「剣刃の上を歩くような、常識では考えられないことを成し遂げた」という意味があるらしい。

立派な和尚さんに立派な戒名を付けてもらい、泉下《せんか》の客となった赤穂浪士たちの魂もさぞや満足であろうと思われたが、それがどうもそうではないらしい。

浪士たちの遺体と共に、彼らが所持していた大刀や脇差《わきざし》、手槍など諸道具も各大名家から泉岳寺に回ってきたのだが、こともあろうにこの酬山和尚、それらの大半を、道具屋を呼びつけたうえで売り払ってしまった。

この和尚さん、今人気絶頂の赤穂浪士愛用の道具なら、きっと高額で売れるに違いないと踏んだらしい。案の定、高く売ることはできたが、あとでそのことが江戸の人々に知られてしまい、寺に抗議が殺到することに。

▼神かけてそんなことはないだろうと……

そこで和尚さん、あわてて買い戻しに走ったが、一部しか戻らず、それも足もとを見られてかなりの額を払わされたという。

泉岳寺の和尚が浪士たちの遺品を無断で処分しているという話を人伝《ひとづて》に聞いた堀内伝右衛門は、前出の覚書の中で、「神かけてそんなことはないだろうと思ったが、あとで事実であることがわかり、残念でならない」と記していた。これは伝右衛門に限らず多くの江戸市民にとって「残念でならない」ことだったに違いない。

この赤穂浪士関連の遺品の人気は現代でも高いものがあり、最近でもテレビのお宝鑑定番組に登場したり、新潟県新発田市の旧家から堀部安兵衛《ほりべやすべえ》が所持していたと思われる印籠《いんろう》が見つかったり（二〇一六年）、大石内蔵助の直筆と思われる書状が貼り付けられた屏風《びょうぶ》が京都市内の旧家から見つかったり（二〇二一年）している。

こうした遺品が一般公開されている所を訪ね歩き、浪士たちの人柄に思いをはせてみるのも歴史ファンの楽しみ方の一つだろう。

江戸幕府八代将軍・徳川吉宗が海外から輸入した「アジアゾウ」はどうなった？

▼ゾウ見たさに江戸っ子が群がる

江戸時代、鎖国《さこく》政策を敷《し》いていたにもかかわらず、長崎を経由してラクダやゾウ、ヤマアラシ、ペリカン、ダチョウ、オランウータンなどの珍獣が海外から次々と輸入され、当時の人々を驚かせたり楽しませたりしたことがわかっている。

本稿では、そんな江戸時代に日本へと連れてこられた動物のうち、特に当時の日本人を驚かせ、一大ブームを巻き起こしたアジアゾウについて語ってみたい。

ときは江戸中期、八代将軍・徳川吉宗《とくがわよしむね》の治世《ちせい》――。広南《こうなん》（ベトナム）産の雌雄《しゆう》二頭のゾウが清《しん》国（中国）の船に乗せられ、長崎に上陸する。その後、ゾウは大勢の付き添いと一緒にはるばる江戸まで歩かされ、七十日余りもかけてようやく到着する。

このゾウの行進は宿場宿場《しゅくば》で大評判となり、その人気は江戸に到着した時点で一気に爆発した。江戸っ子たちは老いも若きも南国からやってきた珍獣見たさにその周囲に群がった。このゾウ人気に目をつけた商売人が、錦絵《にしきえ》や本、人形、双六《すごろく》などを発売し、大儲《もう》けをしたそうである。

ところが、ブームが去るのは早かった。あれほど熱狂した江戸っ子たちもやがて見向きもしなくなる。そうなると、わざわざ南方から連れてこられたゾウは一体どうなったのだろうか。

▼秀吉や家康もゾウと対面していた

ゾウは、日本人には昔から普賢菩薩《ふげんぼさつ》の乗り物として知られており、仏教絵画によく登場するなじみ深い動物だった。しかし、それはあくまで絵の中の話で、日本人が初めて生のゾウを見たのは、文献によれば室町時代のこととされている。

それは応永《おうえい》十五年（一四〇八年）六月というから、室町《むろまち》幕府四代将軍・足利義持《あしかがよしもち》の治世下であった。マレーシアの船が若狭湾《わかさわん》（福井県）に漂着し、船に乗っていたアジアゾウが京都にいる義持に献上されたという記録がある。のちにこのゾウは日本から朝鮮王朝（李氏朝鮮《りし》）に贈られた。朝鮮からもらった経典《きょうてん》の返礼とされているが、実際は餌代《えさだい》が大変で、体《てい》のいい厄介払《やっかいばら》いだったと見られている。

その後、戦国時代から江戸時代初頭にかけて、明《みん》（中国）やマニラ総督などから、北九州の大友宗麟《おおともそうりん》をはじめ、豊臣秀吉《とよとみひでよし》や徳川家康《とくがわいえやす》にゾウが献上されている。秀吉の場合、ゾウとは大坂城で対面したのだが、自分の前に現れたゾウが前足を折っておじぎをしたため、いたくご満悦の様子だったという。

目を見張る大きさで日本人にはなじみもあるゾウは、日本の権力者への献上品としてはまたとない動物だったに違いない。なお、秀吉や家康などに献上されたゾウのその後に関する史料は見つかっていない。

それから暫《しばら》く間があって、徳川吉宗の時代に登場した今回の主役のゾウは、日本に入ってきたゾウとしては文献上、五番目ということになる。

▼本当は白いゾウが欲しかった⁉

享保《きょうほう》十三年（一七二八年）六月、中国の船が長崎に到着し、中から二頭のゾウ（雄《おす》七歳、雌《めす》五歳）が現れ、日本の土を踏んだ。これらのゾウは、これまでと違って日本側から中国の貿易商人に発注したとも、貿易商人からときの将軍・吉宗に献上されたとも言われ、どちらが正しいのか、はっきりしていない。

いずれにしろ、吉宗という人はこうした海外の珍しい動植物に興味津々《しんしん》だったことは確かなようだ。これ以前にも、日本の在来馬と比べ体格に優るアラビア種の馬を輸入し、日本の馬と交配させようとしたことがあったという。

当初、吉宗は仏教絵画に登場するような、インドなどで神聖視されている白いゾウを希望したそうだが、それは突然変異《アルビノ》で生まれてくるものなので希少性が高く、結局は普通のゾウに落ち着いたという経緯《いきさつ》があった。

上陸したゾウたちは、日本の環境に慣れてもらうため年内は長崎の唐人屋敷で過ごし、年が明け春になったら江戸を目指すことになった。ところが、日本に到着したころから雌ゾウのほうが衰弱し始め、馬医者を呼んで看病させたものの薬石《やくせき》効なく、三カ月後には死んでしまった。アジアゾウの平均寿命は人間に近い六十～八十年と言われているだけに、それが五歳かそこらで早死にしてしまったわけである。

こうして雄ゾウだけになったが、そのまま長崎で越冬した後、予定どおり、翌享保十四年三月十三日、江戸を目指して旅立った。

▼「従四位」の位を授ける

ゾウには日本側の役人をはじめ、ベトナム人のゾウ使い二人、中国人通訳など総勢十数人が付き添っていた。体重三トンもあるゾウを運ぶ手段がなかったため、移動は陸路をただ歩くのみだった。付き添いを引き連れ、長い鼻を揺らしながらのっしのっしと街道を拾い歩くゾウの姿はそれだけでユーモラスな光景だった。

事前に幕府のほうから街道沿いの村々に対し、江戸まで大切に運ぶよう通達が出されていたため、歩く道は小石一つ残さずきれいに掃《は》き清められ、食料や飲み水もふんだんに用意された。また、臆病《おくびょう》なゾウを驚かせないため、見物は家の外に出ず、家の中からに限ること。犬や猫は家の中につないでおくこと。寺の鐘《かね》を撞《つ》くのは中止すること——といった細かい通達も出されていたという。

江戸へ向かう旅の最初の難関は、九州と本州を隔《へだ》てる関門海峡《かんもんかいきょう》だった。ゾウを乗せるために、巨石を運ぶ際に用いる底が平らな船が用意されたが、途中に波で揺れ、ゾウが暴れて大変だったと記録されている。

その後は、相変わらずゆっくりとだが、順調に中国路を通過し、大坂を抜けて京都に入る。それが四月二十六日のことで、長崎を出て約一カ月半もかかったことになる。その二日後の二十八日、ゾウは宮中においてときの中御門《なかみかど》天皇に拝謁《はいえつ》している。このとき、畜生であるゾウをそのまま帝《みかど》の御前に出すわけにはいかないというので、ゾウの体に入念な化粧を施し、「従四位《じゅしい》」の位《くらい》まで授けたと言われている。

▼江戸城でゾウと対面した吉宗

ゾウはその後、東海道を東に向かって進み、山を越え、川を渡り、どうにか江戸に到着する。途中にある、大井川や富士川、箱根峠などの名だたる難所も、土地の人々の協力を得て何とか乗り切っている。

たとえば大井川では、ゾウは川の浅瀬を選んで歩いて渡ったのだが、その際、ゾウが渡る少し上流のほうで、土地の男衆が川の中で肩を組んで何列にも並び、ゾウが溺《おぼ》れないよう流れをやわらげたと伝えられている。

こうした数々の苦労を乗り越え、江戸の浜御殿《はまごてん》（現・浜離宮恩賜庭園《はまりきゅうおんし》）に到着したのは五月二十五日のことだった。長崎からの総距離千三百キロメートル、所要日数は七十四日間という長旅だった。

その二日後、将軍吉宗はゾウを江戸城に召し、大広間の前庭で待ちに待った対面を果たす。当日は諸大名や上級旗本、さらに大奥の女性たちも一緒に見物を許されたという。吉宗は余程気に入ったものか、のちに何度も浜御殿に出向き、ゾウの好物の麦饅頭《むぎまんじゅう》を手ずから与えたりしている。

江戸にゾウが来てからというもの、前述したようなゾウ・ブームが江戸中に巻き起こった。ゾウを題材とした出版物や錦絵、置物、玩具、装飾品などが続々と発売されている。歌舞伎にも取り上げられ、ゾウを引っ張り合って二人の男が力比べをするという、今に伝わる歌舞伎十八番の一つ『象引《ぞうひき》』が初演されたのもこの頃とされている。

▼江戸郊外の中野村の農民に払い下げる

その後、ゾウは浜御殿内のゾウ舎《しゃ》で飼われたが、一年飼ってみて飼育費が二百両もかかることがわかり、これにはさすがに幕府も持て余してしまった。そこで、享保十五年（一七三〇年）六月、幕府から払い下げの触《ふ》れが出される。

ところが、その後十年余りも引き取り手は現れなかった。そうこうするうち、ゾウは年々気が荒くなっていき（ゾウは十歳を超えると性格が荒くなると言われている）、寛保元年《かんぽう》（一七四一年）には飼育係を殺すという事件を引き起こしてしまう。

そこで困り果てた幕府は、飼育料（年間百二十五両）付きで江戸郊外にある中野村の農民・源助《げんすけ》らに払い下げることに。しかも、ゾウ舎を新しく建てる際の費用をはじめ、三年間は水や油、薪代《まき》までも幕府が賄《まかな》ってくれるうえ、払い下げられたゾウは見世物に出しても構わないという好条件まで付いていたのである。

こうしてゾウは中野村で飼われることになり、ゾウ舎が現在の中野区本町二丁目の朝日が丘公園のあたりに設けられた。このゾウ舎には連日、見物客が押し寄せたという。源助は商魂たくましく、そうした客から拝観料を取っただけでなく、ゾウの糞《ふん》を丸めた物を、当時江戸市中で流行していた麻疹《はしか》や疱瘡《ほうそう》（天然痘《てんねんとう》のこと）の妙薬だと称して見物客に売りつけてもいたという。

ところが、すぐに江戸の人々から飽きられ、ゾウ舎に閑古鳥《かんこどり》が鳴くようになるのも早かった。

▼ゾウは、仏菩薩の御使いだった

　そうなると源助は現金なもので、ゾウに十分な食事を与えなくなった。かわいそうなのはゾウで、次第に衰弱し、やがて寝込んでしまう。そして、寛保二年十二月、中野村のゾウ舎でさびしく亡くなった。日本に連れてこられてから十四年目のことで、享年は二十一歳前後と見られている。

　ゾウの悲劇は死んだ後も続いた。死体が解剖に付され、頭蓋骨《とうがいこつ》と牙《きば》が源助に下げ渡されたのだが、源助はそれを見世物に出し、以来、二十年余りもその収入が途絶えなかったという。

　その後、安永《あんえい》八年（一七七九年）になり、源助の息子・伊左衛門《いざえもん》が、父から受け継いでいた頭蓋骨と牙を地元中野の宝仙寺《ほうせんじ》に十七両で売却した。ゾウは仏菩薩《ぶつぼさつ》の御使《おつか》いとされるだけに、はるばる南方から人間の勝手で連れてこられ、見世物にされた末に若死にしたゾウの境遇を憐《あわ》れんで宝仙寺が買い取ったのであろう。

　こうしてゾウの頭蓋骨と牙は同寺に永く安置されていたが、太平洋戦争で空襲に遭《あ》い、大半が焼けてしまった。一部は残ったが、「これ以上、見世物にはしたくないから」という寺側の意向で、公開はなされていない。

江戸時代、西欧との窓口になった長崎「出島」の〝それから〟

▼東京ドーム三分の一ほどの面積

長崎・出島と言えば、学生時代、誰もが日本史の授業で習ったことがあるはず。ご存じのように、鎖国《さこく》政策をとっていた江戸幕府がオランダにだけ許可した交易のための島である。その名前からもわかるように、岬《みさき》から突き出た、海を埋め立てて造った人工島だ。

島は扇面《せんめん》のような末広がり形状をしており、わずかに一本の橋で対岸と結ばれていた。面積は約一万五千平方メートル。東京ドームの三分の一ほどしかない敷地に、商館（宿泊施設と倉庫を兼ねた商業施設）が整然と立ち並び、常時十数人（オフシーズンの場合）のオランダ商人が「籠《かご》の鳥」状態で暮らしていた。

江戸幕府はこの小さな人工島を利用し、一六四一年から一八五九年までのおよそ二百二十年間、オランダと交易を行ってきた。オランダ商人から仕入れたのは生糸《きいと》、絹織物《きぬおりもの》、更紗《さらさ》、象牙《ぞうげ》、ガラス製品（ギヤマン）、砂糖などで、日本からは銀を中心に金、銅、硫黄《いおう》、屛風《びょうぶ》、刀剣などが輸出されている。

このように出島は江戸期を通じて西欧に開かれた唯一の窓として機能したわけだが、この出島に関して意外に知られていない謎がいくつかあることも事実。そもそも、幕府はなぜオランダにだけ交易を認めたのか。島の中でオランダ商人たちは日常、どのように暮らしていたのか。日本人との交流は……など様々な疑問を解き明かしたいと思う。さらに幕末に終焉《しゅうえん》を迎えた出島のその後についても述べてみたい。

▼出島の最初の住人はポルトガル人

天文《てんぶん》十九年（一五五〇年）、長崎・平戸《ひらど》に一隻《いっせき》のポルトガル船が入港した。これが長崎県内に入港した最初の西欧の交易船だった。織田信長《おだのぶなが》が十八歳で家督を継ぐ前年のことである。

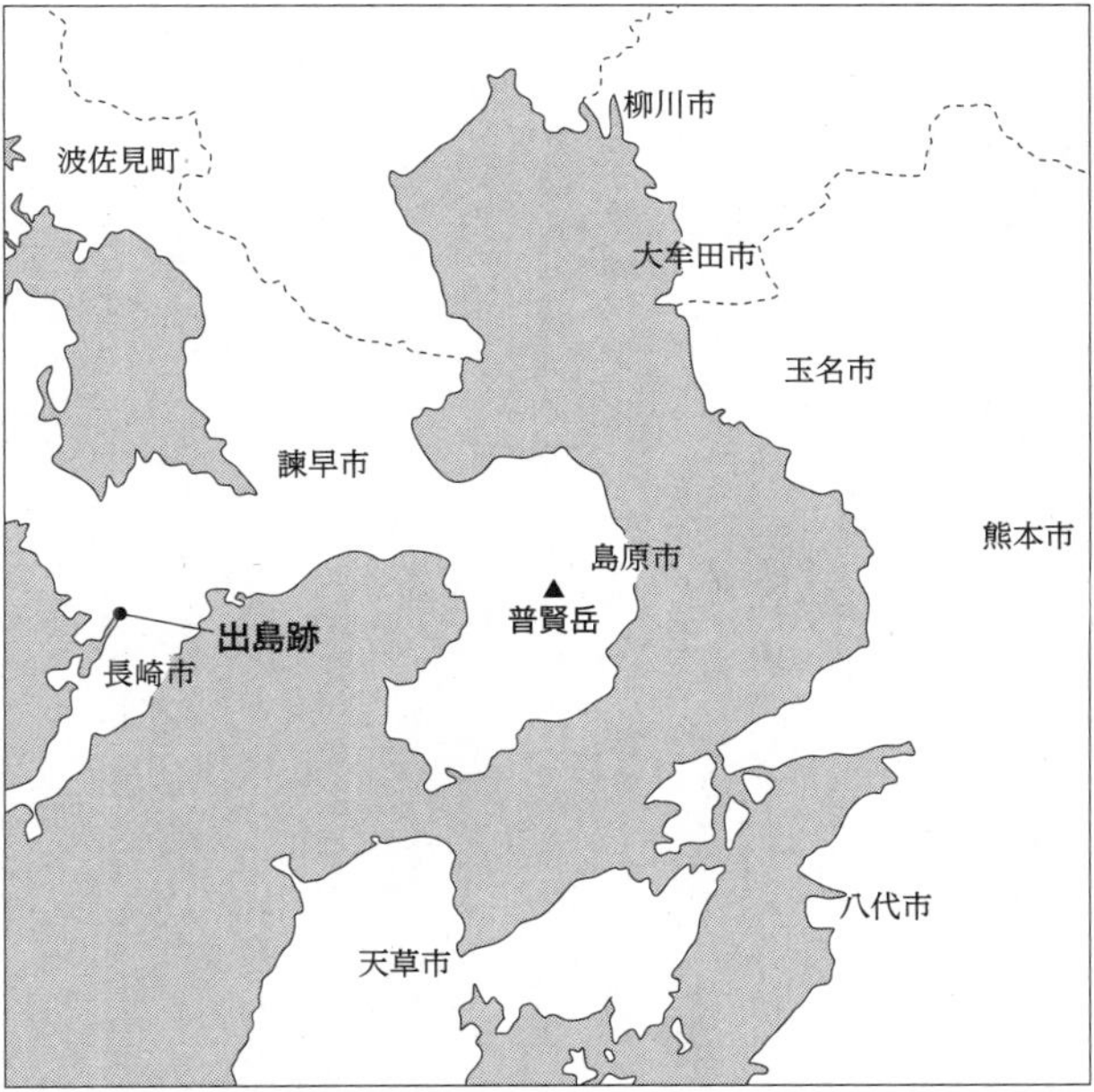

◉出島を通じて輸入・輸出された主な品々

輸入品……中国産の生糸、絹織物、砂糖、香木、胡椒《こしょう》、鮫皮《さめがわ》、薬品など。これら海外からの輸入品は大坂や江戸に送られ、人々の生活を彩った。特に、出島が「砂糖島」と呼ばれるくらい、常に島の中にたくさんの砂糖が保管されていた。これは主にインドネシア・ジャワ島の砂糖農園で製造されたものだった。

輸出品……江戸時代初期は銀が主力。その後、金、銅と切り替わっていく。日本で産出する銀は品質が高く、特に喜ばれた。最盛期には輸出額全体の約８割まで銀が占めたという。ほかに陶磁器、漆器《しっき》、屏風《びょうぶ》、樟脳《しょうのう》、煙草《たばこ》、刀剣、醤油などが人気だった。

豊臣秀吉《とよとみひでよし》の時代になると長崎は天領《てんりょう》となり、キリスト教への弾圧が始まった。彼ら西欧人たちは、交易活動と同時に布教活動にも力を入れるようになったため、秀吉はそれを嫌ったのである。さらに江戸幕府が開かれると、幕府はキリシタンへの弾圧政策を強化する一方、西欧との貿易――すなわち南蛮《なんばん》貿易の独占化に乗り出す。このころにはすでにイギリスやスペインは日本との交易にうまみがないと判断し、日本から撤退していた。残ったのは付き合いが古いポルトガルと、他の西欧諸国のように布教を前面に出してこないオランダの二国だった。

三代将軍・徳川家光《とくがわいえみつ》の治世下にあった寛永《かんえい》十二年（一六三五年）、幕府は外国船の入港を長崎に限定し、翌十三年、ポルトガル人のために人工の島を長崎湾内に造成する。これが出島である。ここにポルトガル人を隔離《かくり》して日本人への布教活動を行えないようにし、交易活動に専念してもらおうと考えたのだ。したがって出島の最初の住人はポルトガル人だったのである。

▼オランダ東インド会社の社員が主体

出島を造成するのに要した費用はざっと四千両、現代の貨幣《かへい》価値なら約四億円という。幕府はその費用を、長崎を代表する商人二十五人に出資させている。商人たちも交易によってあとでいくらでも回収できるため、喜んで出資したに違いない。

寛永十四年、島原と天草でキリシタン農民による大規模な一揆《いっき》が勃発《ぼっぱつ》する。翌年、この「島原の乱」が終息すると幕府は、禁教を徹底するため、布教を諦《あきら》めきれないでいるポルトガル人を日本から追放し来航まで禁じた。

その後、寛永十八年（一六四一年）になり、それまでの平戸から出島に移ってきたのがオランダ人たちだった。こうして出島は幕末にその幕を下ろすまでオランダ人（主にオランダ東インド会社＝本社アムステルダム＝の社員）が居住することになる。

この出島には大勢のオランダ人が通年常駐していたわけではなく、季節風の関係もあって通常は東アジアにおける会社の本拠地が置かれていたバタヴィア（現在のジャカルタ）から荷物を積んで年一回、夏季に来航《らいこう》し、四カ月間ほど滞在。十一〜十二月には日本で買い集めた品々を満載してバタヴィアに戻るという流れだった。

したがって、オフシーズンには商館長（カピタン）のほか、副商館長（ヘトル）、書記、倉庫番、医師、大工、料理人など十〜十五人程度のオランダ人と、彼らがバタヴィアから連れてきた使用人が数人常駐しているだけであった。

▼日本人遊女とのロマンスも

オランダ人たちは島から出ることが固く禁じられており、もちろん日本人も勝手に島に入ることは厳禁だった。それでもオランダ語の通訳をはじめ、庭番や船番、買い物役、料理人、火の番など絶えず百人ほどの日本人が公用で出入りしていた。

通訳の仕事を任された若者たちにとっては西洋の最新科学に触れることができる絶好の機会で、オランダ人たちとこうした交流があったればこそ、江戸時代を通じて長崎が蘭学《らんがく》の発信源となり得たのである。

また、島に出入りできる数少ない例外の日本人として、遊女の存在を忘れてはならない。島のオランダ人たちはすべて男性の単身赴任だったため、そのことを慮《おもんぱか》った幕府が、丸山町や寄合町の遊女に因果《いんが》を含めて島に通わせたのである。

オランダ人の中には、通ってくる遊女に熱を上げてしまい、自殺騒ぎまで起こした商館医もいたそうである。日本人女性で初めて産科医として西洋医学を学んだ楠本《くすもと》イネ（通称オランダおいね）も、出島においてドイツ人医師・シーボルトと丸山町の遊女・其扇《そのぎ》とのロマンスがなければこの世に誕生していなかったのである。

オランダ人たちは仕事がないときは玉突き（ビリヤード）やゴルフ、バドミントンなどに興じた。島の外に出られないという閉塞感《へいそくかん》から、酒を飲んで憂《う》さを晴らすことも多かったようで、島の発掘調査からジンの瓶の欠片《かけら》が大量に出土するという。

▼毎年一回の江戸参府を義務付け

狭い島の中では、オランダ人たちのために食用の牛も飼われていた。当時の日本では牛肉を調達することが困難だったからだ。牛はバタヴィアから船に乗せて運ばれてきたものだった。

また、日本の農民から近くで畑を借り、オランダ人にとっては主食とも言うべき、ジャガイモの委託《いたく》栽培まで行っていたという。このころのジャガイモは日本人の口に合わず、日本でジャガイモ栽培が本格的に広まったのは明治期に入ってからである。

オランダ人たちの数少ない楽しみと言えば、毎年一回、正月に行われる江戸参府《さんぷ》――つまり将軍家への謁見《えっけん》だった。これは幕府から義務付けられていたもので、将軍家に対し交易の許可を与えてくれたことに感謝し、あわせて継続のお願いをするためにオランダ人一行はわざわざ長崎を出て江戸に向かったのである。

まず、長崎から船で大坂湾に向かい、その後は陸路（東海道）を駕籠《かご》や馬で進んだ。大名行列のように多くの日本人が随行《ずいこう》していたこともあってか、江戸に着くまでトータルで四十日余りもかかったという。最初から船で江戸まで一直線に行けば手っ取り早いのだが、幕府は防衛上の理由から外国船に対し関東沿岸への接近を禁止していたため、それは無理な話だった。

▼ペリー来航がすべての契機に

オランダ人たちにとって江戸城での将軍謁見の儀式は確かに堅苦しいものだったが、それ以外の旅の行き帰りで目にする沿道の人々の暮らしぶりや、貧しくても整然とした町や村の様子、そして何よりも自然の美しい風景が、遠い異国からやって来た彼らの心を捉《とら》えて離さなかった。

日本人の好奇心の強さにも好ましさを覚えたようで、江戸日本橋の定宿《じょうやど》・長崎屋で滞在していると、西欧の学問に関心を持つ日本人の学者や文化人、はては大名諸侯までが、話を聞きたいと面会を求めてきた。しまいにはあまりに多く来るので閉口したと日記に書き残した商館員もいたほどである。

この毎年一回の江戸参府だが、やはりオランダ人側に負担が大きいというので、寛政《かんせい》二年（一七九〇年）から四年に一回に改められている。

こうしたオランダとの友好的な関係に、突然ひびが入ったのが、嘉永《かえい》六年（一八五三年）のペリー来航であった。その翌年、アメリカとの間で和親条約が結ばれると、これを契機に日本は開国の重い扉を開けたのだった。

その後、日本はアメリカをはじめ各国と軒並《のきなみ》通商条約を締結《ていけつ》したことにより、オランダ一国が貿易のうまみを独占できなくなり、長崎の出島はその役目を終えようとしていた。商館が完全に閉鎖したのは「桜田門外の変」の前年、安政六年（一八五九年）のことだった。

▼二〇五〇年までに完全復元を

明治期に入ると、出島周辺は埋め立てが進み、やがて海に浮かぶ特徴的な扇形の原形を失ってしまい、完全に都市の中に埋没してしまった。大正期を迎えると出島跡地は、高島秋帆《たかしましゅうはん》（幕末の砲術家）旧宅、シーボルト宅跡、平戸和蘭《オランダ》商館跡とともに「出島和蘭商館跡」として長崎県で初めて国の史跡に指定されている（大正十一年＝一九二二年）。

昭和期に入ると、太平洋戦争を経て間もなく、長崎市は出島の整備計画に着手する。その裏には、オランダ政府の強い働きかけがあったからだと言われている。昭和二十七年（一九五二年）から史跡内の民有地の買収《ばいしゅう》を進め、それから半世紀後の平成十三年（二〇〇一年）にようやくすべての民有地の公有化を完了する。

市は平成八年から本格的な復元整備事業に乗り出しており、第一期として平成十二年に副商館長が住んだ「ヘトル部屋」など五棟を、第二期として平成十八年に商館長の「カピタン部屋」など五棟を、第三期として平成二十八年に島への出入りを監視する詰所や砂糖蔵など六棟を復元、着々とかつての出島の風景が甦《よみがえ》りつつある。市では二〇五〇年を目標に出島の完全復元を目指しているという。

幕府が誇った二隻の軍艦「咸臨丸」「開陽丸」のまさかの結末

▼奇しくも同じ道南の海に沈む

幕末期の幕府海軍を語るうえで、絶対に外せない二隻《せき》の軍艦がある。咸臨丸《かんりんまる》と開《かい》陽丸《ようまる》である。咸臨丸は、ご存じのように、勝海舟《かつかいしゅう》や福沢諭吉《ふくざわゆきち》を乗せて太平洋を横断した日本の軍艦だ。開陽丸は、当時、世界でも最新鋭・最強級の軍艦で、「戊辰《ぼしん》戦争」が勃発《ぼっぱつ》した際、江戸幕府最後の将軍・徳川慶喜《とくがわよしのぶ》が大坂を脱出して江戸へ逃げ帰るときに利用した船として名を残している。

そんな二隻の軍艦は、歴史の表舞台に登場した後、一体どんな運命をたどったのかご存じだろうか。

実は、開陽丸は明治元年（一八六八年）十一月、戊辰戦争最後の戦いの「箱館《はこだて》戦争」で旧幕府軍の軍艦として出撃したが、戦《いくさ》のさなかに北海道南西部の江差《えさし》沖で座礁《ざしょう》し、沈没してしまう。この開陽丸が健在だったなら箱館戦争の勝敗の行方《ゆくえ》はどうなっていたかわからないとのちに言われたくらいだから、旧幕府軍にとっては大きな痛手となった。一方、咸臨丸のほうはどうにか明治という新しい夜明けを迎えることができたものの、明治四年（一八七一年）九月、奇《く》しくも開陽丸と同じ北海道南西部の木古内《きこない》町沖で座礁し沈没してしまった。

日本の近代海軍の黎明期《れいめいき》に華々しく登場した軍艦二隻はこうして相前後して道南の海底深くで眠ることになった。本稿ではそんな咸臨丸と開陽丸の栄光と挫折の顛末《てんまつ》をたどってみたいと思う。

▼海軍伝習所の練習艦として利用

まず、咸臨丸。嘉永《かえい》六年（一八五三年）の黒船来航をきっかけに海防力の強化を痛感させられた江戸幕府は、その二年後、長崎貿易を通じて外交関係を維持し続けていたオランダに対し、一隻の軍艦の建造を発注する。それが咸臨丸だった。

咸臨丸は安政《あんせい》四年（一八五七年）三月に完成し、同年八月に日本に回航された。全長四十九メートル、全幅八・五メートルで、砲十二門、三本マストを備えた木造の蒸気軍艦であった。出力は百馬力、洋式のスクリューを装備する船としては日本初の軍艦だった。幕府がオランダ側に支払った建造費用はおよそ十万ドル。今日の貨幣価値なら二十億円強という途方もない金額だった。

咸臨丸はその後、幕府が海軍士官養成のために長崎で設立した海軍伝習所の練習艦として利用され、そこから勝海舟《かつかいしゅう》や矢田堀鴻《やたぼりこう》、中島三郎助《なかじまさぶろうすけ》、榎本武揚《えのもとたけあき》ら多くの英才が巣立っていった。

日米修好通商条約の調印のために太平洋を横断することになったのは安政七年正月十九日（一八六〇年二月十日）。無事大役を果たして日本に戻ったのはその年の五月五日（西暦では六月二十三日）のことだった。こうして咸臨丸は太平洋を往復したわが国初の軍艦となった。

▼手抜き工事が原因で寿命を縮める

その後、咸臨丸は神奈川沖の警備や小笠原諸島巡視《じゅんし》の任務に就《つ》くが、やがて船体や機関部の損傷が激しくなり、慶応二年（一八六六年）には軍艦籍を解かれ、船体から蒸気機関を取り外されたうえで幕府の一帆船・一輸送船に格下げされてしまう。

これは日本側の酷使にもよるが、建造から十年経《へ》ずして廃船同然となったのには元々、オランダで建造された際の手抜き工事が多分に影響していたとみられている。なにしろ、船材には中国の廃船になった古材が多く使われていたのだ。

咸臨丸が太平洋を横断して米国サンフランシスコに渡った際、帰途につくまえに米国海軍の好意で傷んだ箇所に応急処置を施してもらったのだが、そのとき向こうの技術者からオランダ側の手抜き工事を指摘され、「これから船を建造する際は日本人の工事監督者を派遣するべきだ」と忠告されたほどだった。

それはともかく、今や幕府の一輸送船になり下がった咸臨丸にまたも過酷な運命が持ち受けていた。戊辰戦争が起こると、新政府軍との徹底抗戦を主張する海軍副総裁・榎本武揚によって咸臨丸は旧幕府軍艦隊に加えられ、江戸湾から奥羽越列藩《おううえつれっぱん》同盟《どうめい》の支援のため北方へ向かうことになる。慶応四年八月十九日のことだった。

ところが、軍艦に曳航《えいこう》された咸臨丸だけが銚子沖で遭遇した暴風雨によって西へと流され、しまいには駿府《すんぷ》（静岡市周辺）・清水港にたどりつく。そこで破損箇所の修理を行っていると、思わぬ悲劇に見舞われてしまう。

▼起こるべくして起こった遭難

たまたま通りかかった新政府軍の軍艦に見つかってしまったのだ。咸臨丸側では旗を下ろして降伏の意思を表明したにもかかわらず、無慈悲な襲撃を受け、約二十人いた乗組員の大半が殺害されて海中に遺棄《いき》され、船体は没収されてしまう。

戊辰戦争が終結し、御一新を迎えると咸臨丸は北海道開拓使《かいたくし》（官庁）の御用船として利用された後、廻漕《かいそう》業の木村万平《まんぺい》という者に貸与《たいよ》され、北海道開拓移民の輸送業務にあたる。明治二年（一八六九年）のことである。

明治四年九月十二日、戊辰戦争で敗れ、北海道移住を余儀なくされた旧仙台藩士の家族四百一人を乗せて仙台を出航した咸臨丸はその八日後、津軽海峡に入ったところで暴風雨に遭い、木古内町のサラキ岬沖で座礁、沈没する。

悪天候に加えて定員百人程度の船に四倍も乗せていたことや津軽海峡に不案内な米国人船長の操船ミスも重なり、遭難は起こるべくして起こったものだった。さいわいにも現地の人々によって沈没寸前に行われた懸命の救助活動のお陰で、一人の犠牲者を出すこともなく乗船者全員が救助されたのは奇跡と言ってよかった。

今日、サラキ岬には咸臨丸終焉《しゅうえん》の碑《ひ》のほかに、昭和五十九年（一九八四年）に同岬の沖合、水深約二十メートルの海底から引き揚げられた咸臨丸のものと推定される錨《いかり》が展示されている。

▼最新の後装砲を備える

開陽丸もまた江戸幕府がオランダで建造させた軍艦である。咸臨丸が完成した六年後の文久《ぶんきゅう》三年（一八六三年）八月に起工している。艦が完成すると、榎本武揚らが操船して横浜港まで回航してきた。慶応三年（一八六七年）三月のことだ。なお、開陽丸の名は「夜明け前」を意味していて、榎本が付けたものだった。

全長約七十三メートル、全幅約十三メートル。排水量二千五百九十トン。三本マストの木造帆船で、補助蒸気機関は四百十馬力（最大速力十二ノット＝時速二十キロメートル前後）と強力だった。また、船体には最新の後装砲《こうそうほう》であるクルップ砲二十六門（のち追加されて三十五門に）を搭載。長期航海に備えて海水から真水をつくる装置まで積んでいたという。

オランダ側は当初、世界的に主流になりつつある鉄製艦を薦《すす》めたが、幕府側が一日も早い竣工《しゅんこう》を望んだことから、銅張りの木造船に決まったという経緯があった。そのことを差し引いたとしても、当時の軍艦として開陽丸は最新鋭・最強級であることに疑いを挟む余地はなかった。

当時、オランダでも三千トン級の軍艦が建造されることは稀《まれ》で、進水式には大勢の市民が見物に集まったという。建造費は咸臨丸の四倍の四十万ドルだった。

▼榎本、東郷平八郎と交戦す

徳川慶喜によって京都・二条城で大政奉還《たいせいほうかん》（慶応三年十月）が行われた際、榎本武揚が艦長を務める開陽丸は江戸湾にあったが、すぐに大坂の警備にあたるため大坂湾に移動する。年が明けて慶応四年一月三日、「鳥羽・伏見の戦い」によって戊辰戦争の幕が切って落とされると、その翌日、開陽丸は阿波《あわ》沖で薩摩藩《さつまはん》の軍艦春日《かすが》丸《まる》とその僚艦《りょうかん》翔凰丸《しょうおうまる》と交戦する。

春日丸は薩摩藩が英国から購入した木造の外輪船《がいりんせん》だった。このときの通称「阿波沖海戦」では両艦とも二十発ほど大砲を撃ち合ったが、互いに着弾（命中）はなかったようである。これが日本史上初の蒸気船同士による近代海戦だった。なお、このとき春日丸側に、のちに日露戦争の日本海海戦で名を馳《は》せることになる当時二十一歳の東郷平八郎《とうごうへいはちろう》が青年士官として乗艦していた。

一月七日になり、榎本は艦を降りて徳川慶喜に謁見《えっけん》するため大坂城に向かうが、これが皮肉にも行き違いとなる。すでに慶喜は側近だけを引き連れ前日に城を脱出したあとだったのだ。慶喜は榎本不在の開陽丸に乗り込むと、八日夜には大方の家来を大坂城に置き去りにしたまま江戸へ向けて艦を出航させてしまう。慶喜が行った、このときの敵前逃亡劇こそが、徳川の命運が尽きた瞬間であった。

▼仙台を経由して北海道へ

その後榎本武揚は海軍副総裁となり、江戸城無血開城を迎えるが、開陽丸など旧幕府軍が保有する軍艦を新政府軍に引き渡すことを拒絶し、思わぬ行動に出る。慶応四年八月十九日夜、開陽丸を旗艦《きかん》として回天丸《かいてんまる》、蟠竜丸《ばんりゅうまる》、千代田形丸《ちよだがたまる》など八隻の軍艦に、咸臨丸ら輸送船四隻を加えた、いわゆる「榎本艦隊」を率いて江戸湾からしずしずと脱出したのである。

榎本としては、まず仙台に寄港して大鳥圭介《おおとりけいすけ》や土方歳三《ひじかたとしぞう》などの旧幕府脱走兵を収容し、その後、蝦夷地《えぞち》（北海道）に向かう計画だった。こうして艦隊は同月二十七日午後、仙台に到着。途中、暴風雨に遭い、咸臨丸など二隻の輸送船を失うという不測の事態に直面したため思いのほか日数がかかってしまった。

その年の明治元年十月二十日（この年は九月八日に慶応から明治に改元）、榎本艦隊は箱館（のちに函館）の北、内浦湾に面する鷲ノ木《わしのき》（現在の森町）沖に投錨《とうびょう》し、上陸作戦を決行する。その五日後、土方ら旧幕府軍が箱館と五稜郭《ごりょうかく》を占領《せんりょう》したことで、艦隊は悠々と箱館に入港してきた。

その後、土方らは松前へ進軍して松前城を陥落させ、残兵を江差まで追撃した。それを援護するため榎本も艦隊を率いて箱館から江差へ向かった。十一月十一日のことで、この出撃が開陽丸の最期となる。

▼座礁から十日後に沈没する

十四日、江差沖に到着した榎本は最低限の乗組員を艦に残して、自ら江差に上陸すると、すでに松前兵は敗走していて難無く無血占領を果たす。ほっと一安心したのも束《つか》の間、翌十五日夜に天候が急変し、暴風雨によって開陽丸は座礁、艦は岩礁《がんしょう》に挟まれ身動きがとれなくなってしまう。

榎本から艦を任された機関長の中島三郎助は、窮余《きゅうよ》の一策で艦に搭載した大砲を一斉に陸に向かって放ち、その反動で岩礁から抜け出そうとしたが、失敗に終わる。箱館から回天丸と神速丸《しんそくまる》が救助に駆け付けたが、その神速丸も座礁・沈没する始末だった。そこで中島らは仕方なく艦を捨て、江差に上陸する。

それから十日ほどたって、船底を破損させた開陽丸は海中にゆっくりと飲み込まれていった。榎本と土方は江差の高台からその光景を目撃しており、榎本は言葉を失って呆然《ぼうぜん》とし、土方はそばの松の木を叩いて悔しがったという。二人が開陽丸をどれほど頼りにしていたか、これでわかろうというものである。

こうして当時世界最新・最強級を誇った軍艦は登場からわずか二年弱で海の藻屑《もくず》となった。この開陽丸を失ったことで榎本ら旧幕府軍は制海権を維持できなくなり、新政府軍の蝦夷地上陸を許すことになるのであった。

今日、江差沖に沈んだ開陽丸は日本初の「海底遺跡」として登録されている。また、江差港に行けば、実物大に復元された開陽丸を見ることができる。

官軍によって斬首された新選組「近藤勇の首」の行方

▼一介のならず者同然に斬首される

江戸時代末期、幕府の手先（会津藩《あいづはん》預かり）となり京都で倒幕《とうばく》志士の取り締まりに当たった武闘派集団・新選組。そのトップと言えば、もちろん局長の近藤勇《こんどういさみ》である。この近藤勇に関して最大の謎と言われているのが、官軍（新政府軍）によって斬首刑《ざんしゅけい》に処《しょ》されたあとの首を含めた遺体の行方《ゆくえ》である。

新選組ファンであればご存じであろうが、近藤は戊辰《ぼしん》戦争のさなか、下総国《しもうさ》（千葉県）流山《ながれやま》で捕縛《ほばく》され、当時官軍の総督府《そうとくふ》（軍司令官が政務・軍務を執《と》る役所）が置かれていた江戸郊外の板橋宿まで連行されたうえで斬首されている。

当時近藤は幕臣、それもれっきとした旗本だったので、通常なら切腹を申し付けられてしかるべきなのだが、そうした武士の作法を無視して、剰《あまつさ》え馬捨て場（馬の埋葬場）で一介のならず者でも処刑するようにあっさり首を刎《は》ねられてしまった。

慶応四年（一八六八年）四月二十五日のことである。その後、近藤の首は酒樽《さかだる》に漬けられた状態で京都まで運ばれ、三条河原《さんじょうがわら》において三日間、晒《さら》し物にされた。

ここまでの顚末《てんまつ》は巷間《こうかん》よく伝わっているが、問題はここからだ。実は、近藤の首は三条河原で晒されたあと行方不明になってしまったのだ。さらに、板橋刑場に残された近藤の胴体のほうもまた、忽然《こつぜん》と消えてしまったのである。

今日、近藤の首、または胴体を埋葬したと伝わる寺が各地に点在しているが、いずれも決め手を欠くという。本稿ではそんな寺の中でも新選組ファンの間で有力視されている寺をいくつか俎上《そじょう》に載せ、それぞれを検証してみたいと思う。

▼新選組の斎藤一が首を持ち込んだ？

まず、近藤の首のほうから。

愛知県岡崎市にある徳川家康《とくがわいえやす》ゆかりの古刹《こさつ》・法蔵寺《ほうぞうじ》に、近藤勇の首塚と称する遺跡が伝わっている。

昭和三十三年（一九五八年）、この法蔵寺の本山に当たり、京都・新京極《しんきょうごく》にある浄土宗西山深草派《じょうどしゅうせいざんふかくさは》総本山の誓願寺《せいがんじ》から、「近藤勇の首が岡崎の法蔵寺に埋葬されている」と記された書付《かきつけ》が見つかった。

法蔵寺で調査したところ、境内《けいだい》の土中から石碑《せきひ》が発見され、その台座には新選組副長で近藤の盟友・土方歳三《ひじかたとしぞう》らの名前が刻まれていた。新選組ナンバー2の土方の名が台座に刻まれているということは、必然的に埋葬されているのは近藤の遺体で、ここに近藤の首が埋められているに違いないということになった。

さらに、法蔵寺にはこんな伝承が残されていた。新選組の山口某《なにがし》という者が人目を忍んで三条河原から近藤の首を盗み出し、近藤が生前敬慕《けいぼ》していた京都・新京極裏寺町にあった宝蔵寺《ほうぞうじ》（こちらも本山は誓願寺）の称空義天大和尚《しょうくうぎてんだいおしょう》の所に持ち込んで供養《くよう》を依頼しようとしたが、大和尚は岡崎の法蔵寺に転任したばかりだった。そこで山口某は仕方なく大和尚を追っかけて岡崎までやって来た、というのである。

この伝承で登場する山口某とは新選組の幹部で、山口二郎の別名を持っていた斎藤一《さいとうはじめ》と見られているが、そこには大きな矛盾《むじゅん》があるという。

▼京都の侠客が近藤の首を運んだ？

なぜなら、近藤の首が三条河原に晒された頃というのは、山口は会津軍に加わり、陸奥国《むつ》白河《しらかわ》（福島県白河市）あたりで官軍と戦っていたことが記録によって明らかだからだ。

ということは、山口の名を騙《かた》った者が近藤の首を三条河原から盗み、岡崎の法蔵寺に持ち込んだとでも考えない限り、辻褄《つじつま》が合わなくなるのだ。

しかし、それではなぜその者は山口の名を騙る必要があったのか、不思議だ。この首塚の詳しい発掘調査が行われない限り、謎は永遠に残るだろう。

福島県会津若松市にある天寧寺《てんねいじ》も、近藤勇の首が埋葬されていると伝わる寺の一つ。三条河原から会津若松まで首を運んだとされるのが、当時、京都にいた侠客《きょうかく》で、新選組がいたころは会津藩の中間《ちゅうげん》（雑用係）として働いていた上坂仙吉《こうさかせんきち》（通称・会津小鉄《あいづのこてつ》）という人物。若い頃から義侠心《ぎきょうしん》に厚く、新選組時代は近藤や土方によくかわいがられていたという。

そんな仙吉が、会津にいた土方の密命を受け、近藤の首を運んだという伝承がある。腐敗が進んでいる首をそのまま持って関所を通るわけにはいかないので、おそらくはどこかで荼毘《だび》に付して骨にしてから運んだのであろう。土方は仙吉からその骨を受け取ると、会津若松城が見える天寧寺に葬《ほうむ》ったという。

▼処刑場の近くに墓所が設けられる

異説として、仙吉が運んだのは近藤の首から切り取った遺髪《いはつ》だけだった。あるいは仙吉は関係なく、土方が流山で近藤と袂《たもと》を分かった際、近藤から形見《かたみ》としてもらった髪が埋められている、などとも言われている。

いずれにしろ、この天寧寺説も、塚を発掘して詳しい調査がなされない限り、伝承のまま片付けられるはずである。

ほかにも近藤の首が葬られているという寺が全国にいくつかあるが、紙幅《しふく》の都合上、割愛させて頂き、次は近藤の首以外の遺体の行方について考えてみたい。

作家・子母澤寛《しもざわかん》のいわゆる「新選組三部作」は、新選組ファンのバイブルとされる小説だが、その中に、近藤が処刑されたときの現場に近藤の女婿《むすめむこ》に当たる近藤勇五郎《こんどうゆうごろう》という若者がいて、後年（昭和初期）、その勇五郎から子母澤が直接聞き取った話が収録されている。

それによると、処刑後、数日たって勇五郎が板橋刑場の見張り役人に金を握らせ、親戚の手を借りて首のない遺体を掘り出すと、近藤の実家の宮川家の菩提寺《ぼだいじ》がある江戸郊外の三鷹《みたか》の龍源寺《りゅうげんじ》まで駕籠《かご》で運んだというのである。

一度埋められた遺体を掘り出し、駕籠に乗せて運ぶという、その光景を想像すると、かなりシュールで怖いが、それよりもこのときの勇五郎たちにすれば人に見つからないで運び出すことに精一杯で、恐怖心は薄かったに違いない。

▼三鷹と板橋の両方から遺体が

最初に近藤の遺体が埋められた刑場の近くにはのちに、新選組幹部だった永倉新八《ながくらしんぱち》が発起人となって墓所が設けられた。今日、JR埼京線・板橋駅前でそれを見ることができる。管理は近隣にある北区滝野川の寿徳寺《じゅとくじ》が任されているという。

この板橋駅前の墓所が、昭和四年（一九二九年）に改修工事がなされた際、首のない遺体が出てきたという。その遺体からは近藤が京都時代に肩に負ったとされる銃弾跡が確認されている。

このことから、この板橋墓所は遺体が無い「詣《まい》り墓」ではなく、実際に遺体がある「埋《う》め墓」であったことが初めて確認されたのであった。

一方、板橋刑場から改葬されたとされる三鷹の龍源寺だが、昭和三十三年に墓を調べたところ、成人男性の物と思われる足の骨が見つかり、近藤が子どものころに怪我《けが》をして骨折したとされる個所もちゃんと確認されたそうである。ところが、見つかった遺骨の数があまりにも少なく、新たな疑問が生まれることとなった。

三鷹と板橋の両方から近藤と思われる遺体が出たというこの話をどう理解したらよいだろうか。近藤の遺体が二つあったわけはないから、どちらか一方が近藤の遺体ではないということになる（分骨説もあるが……）。

近藤が処刑された同日、近藤とは別の罪人（掏摸《すり》だったとも）が処刑されたという記録があり、三鷹か板橋、どちらかがその男と遺体を取り違えたのではないかという説も出ている。謎は深まるばかりだ。

◇

このように、近藤勇の首と胴体がそれぞれ埋められている場所が、はっきり特定されていないのが実際のところだ。解明を阻《はば》む一番の理由は、遺体が埋葬された当時、新選組局長の近藤は「天下の大罪人」と見なされていたことにある。

つまり、親戚の者にしろ元新選組仲間にしろ、近藤の遺体を公然と葬ることが憚《はばか》られる時代だったのだ。このことが後々、埋葬場所の特定を困難にする要因となったのである。

もっとも、泉下《せんか》の客となった近藤の魂は、もはやそんなことはどうでもよく、幕府への忠節を尽くすことに若い命を燃やした自分たちの愚直な生きざまが、こうして後世に語り継がれることにきっと満足しているに違いない。

明治の日本に論争を巻き起こした黒田清輝の「裸体画」の顛末

▼婦人の裸体画は芸術に非ず？

「猥褻《わいせつ》か、芸術か」という論争は文学や美術の世界でよく起こりがちだが、日本でこうした論争が本格的に巻き起こるようになったのは一体いつからだろうか。

調べていくと、一枚の婦人の裸体画に行き着いた。その裸体画とは、日本における「近代洋画の父」と称されている洋画家・黒田清輝《くろだせいき》が明治時代中期に、ある展示会で発表した『朝妝《ちょうしょう》』という題名の作品である。

黒田清輝と言えば、代表作に『読書《どくしょ》』『湖畔《こはん》』『舞妓《まいこ》』『智《ち》・感《かん》・情《じょう》』などがあり、重要文化財の指定を受けている作品も少なくない巨匠の中の巨匠だ。教科書で見かけて記憶している人も多いはず。『朝妝』もそんな黒田の作品の一つで、大きな姿見（鏡）の前で立つ全裸のフランス女性を描いたものだ。

雑誌やインターネットで女性のヌードが氾濫《はんらん》する今日では何と言うこともない絵だが、およそ百三十年前の日本では違った。「婦人の裸体画は芸術に非《あら》ず。裸体画は風紀を乱す」などと当時の学識経験者や大新聞からさんざんに叩かれ、しまいには警視総監までが乗り出し、作品の展示を即刻中止するよう命令する始末だった。

一体、明治画壇を揺るがせたこの裸体画騒動はそれからどうなったのだろうか。『朝妝』のその後の行方《ゆくえ》についても述べてみたいと思う。

▼二十五歳のときにデビュー作『読書』が入選

黒田清輝は幕末の慶応二年六月二十九日（西暦では一八六六年八月九日）、現在の鹿児島市で誕生した。幼名新太郎。父は薩摩藩士の黒田清兼《きよかね》。五歳のときに伯父にあたる黒田清綱《きよつな》（のちの明治政府の官僚《かんりょう》、子爵《ししゃく》）の養嗣子《ようしし》となる。

翌年、上京し、平河《ひらかわ》学校（現在の千代田区立麹町小学校）に入学。十二歳のときには高橋由一《たかはしゆいち》（日本で最初の本格的な洋画家）の門人・細田季治《ほそだすえはる》につき、洋画を学ぶ。その後、英語やフランス語を勉強した黒田は、法律家になるためフランスに留学する。明治十七年（一八八四年）、十八歳のときだった。

フランスでの黒田は、しばらくは当初の計画通り法律を学んでいたが、パリで画家の山本芳翠《やまもとほうすい》や著名な美術商の林忠正《はやしただまさ》らと出会ったことが機縁となり、山本らに画家になることを強く勧められる。黒田は一瞬迷ったが、幼少期から絵が好きだったこともあり、法律家を諦《あきら》め画家の道を志すようになる。こうして二十歳になった黒田は、当時のパリ画壇では外光派として知られていたラファエル・コランに師事する。

一八九一年、二十五歳のときに発表したデビュー作『読書』がサロン（展覧会）で見事入選を果たす。『読書』は鎧戸《よろいど》から差し込む柔らかな光に全身を包まれながら読書にふける女性を描いた作品で、まさに師コランの画風を受け継ぐ外光派・黒田の面目躍如《めんもくやくじょ》たる作品であった。

▼足掛け十年におよぶフランス留学

二年後の二十七歳で発表したのが本題の『朝妝』で、こちらもサロンで入選を果たしている。朝、目覚めた女性が全裸のまま両脚を少し開いた状態で姿見の前に立ち、髪を手で束ねているところを背中側から描いた作品だ。鏡に映る股間には陰毛と思《おぼ》しき翳《かげ》りまでも描かれていた。

なお、妝には「粧《よそお》う」とか「飾る」とかいう意味があり、女性の何気ない朝の身《み》支度《じたく》の一コマを切り取ったものだった。

同じ年、黒田はフランスで評判をとった『読書』や『朝妝』を携《たずさ》え米国経由で日本に帰国する。一八八四年二月から九三年七月までの足掛け十年におよぶフランス留学だった。帰国した黒田を世間では絵画芸術の本場パリで最新の画法を修得してきた「若き大家」として迎え入れたようである。

その翌年（明治二十七年）十月、二十八歳の黒田は若手画家を育成するための画塾「天真《てんしん》道場」を設立。同月、「明治美術会第六回展」に『朝妝』を出品する。十一月、日清戦争に従軍画家として参加し、翌年二月、日本に戻る。四月、『朝妝』を今度は京都で開催された「内国勧業博覧会」に出品する。

このとき、いわゆる裸体画騒動が勃発《ぼっぱつ》してしまう。前年の明治美術会に出品したときは何の騒ぎも起きなかったのに、この明治二十八年の内国勧業博覧会のときはなぜかマスコミの煽動《せんどう》によって社会全体を巻き込む騒ぎに発展してしまったのだ。

▼新聞から一斉攻撃を受ける

『朝妝』が卑猥《ひわい》であると最初に攻撃したマスコミ媒体は、地元京都の『日出新聞《ひのでしんぶん》』だった。それが連日続くと、東京と大阪、それぞれの『朝日新聞』も追随《ついずい》した。

いわく「ある筋の人の弁」として、「美術展に掲げられるような絵は、両股《りょうこ》相接する体勢とし、陰毛を描かないのが原則である。このような絵を認めれば、風俗の壊乱《かいらん》を招くに違いない」(『東京朝日新聞』)と、もっともらしく述べていた。

つまり、「美術展に掲げられるような作品ならば、モデルの裸の女性は脚をピタッと閉じていなければならず、股間もツルンとして陰毛などけっして描いてはならない」というのである。

『都《みやこ》新聞』(『東京新聞』の前身)もまた、「嗚呼《ああ》、何ぞ醜怪《しゅうかい》なるや、裸体画はたして美術の精粋《せいすい》を現すものか」と慨嘆《がいたん》して見せた。

こうした新聞による攻撃が逆に大衆の好奇心を煽《あお》ったようで、博覧会は『朝妝』目当てに連日、押すな押すなの盛況ぶりを呈するようになる。このときの賑《にぎ》わいのほどは、当時日本に滞在していたフランス人画家ビゴーも挿絵《さしえ》に残しており、老若男女が一様にポカンと口を開けたまま『朝妝』に群がっている様子が描かれている。
また、利に聡《さと》い男がこの裸体画人気に目をつけ、『朝妝』の絵柄を印刷したハンカチを売り出そうとしたが、直前に官憲《かんけん》によって中止命令が下されている。

▼日本では裸体画は春画から抜けられず

こうなると官憲でも見逃しておけず、当時の警視総監が博覧会の責任者に対し、即刻『朝妝』を撤去するよう命じた。ところが、その責任者は「こうした裸体画が公的な場に展示されるのは西欧では当たり前のことだ」と言い、命令を突《つ》っ撥《ぱ》ねたという。

黒田は政界を牛耳る薩摩士族で、しかも養父は政府の高官だ。ゆえに官憲側も絵を撤去するなどの強硬手段に出ることはできなかったようである。

それにしても黒田は、このような婦人の裸体画に対する日本のマスコミの反発を事前に予見していたふしがある。フランスで『朝妝』を書いているさなかに黒田は故国に向けて次のような手紙を送っていた。

「日本への御土産《おみやげ》のため当地名物の女の裸の画《え》一枚、心任《まかせ》て描き申度存候《もうしたくぞんじそうろう》。小さな考えをして居《い》る日本の小理屈先生方へ見せて一《ひ》と笑い仕《つかまつり》度《たく》候」

日本では婦人の裸体画は絵の出来不出来に関係なく卑猥な「春画《しゅんが》」の部類に入れられてしまうが、西欧では品格の高い裸体画は「芸術品」として鑑賞の対象になっている。日本の人々にもそうした西欧のように裸体画に対する意識を変革してほしいという思いがあったに違いない。そんな黒田の目論見《もくろみ》は、この『朝妝』の公開によって見事に成功したと言ってよいだろう。

◇

猥褻か、芸術かで世間を騒がせた黒田の『朝妝』は博覧会閉幕後、住友財閥に三百円（現代の価値なら六百万～一千万円程度か）で買い上げられたという。そして、須磨《すま》別邸の二階寝室に飾られていたが、惜しいことに昭和二十年の神戸大空襲によって焼失してしまった。

なお、黒田のその後だが、東京美術学校（現在の東京芸術大学美術学部の前身）教授、洋画家として初の帝室技芸員などを経て、大正六年、五十一歳のときには養父の逝去《せいきょ》により子爵を襲爵《しゅうしゃく》。その三年後には貴族院議員にも就任している。大正十三年（一九二四年）七月、東京・麻布の自宅で亡くなった。享年五十八。

太平洋戦争で、戦意高揚のために制作された「戦争画」はどこへ消えたか

▼当時一流の画家のほとんどが体験

他国との間で戦争状態に突入しようとすると、軍部によって自国民の思想統制が図《はか》られるのは歴史の事実である。そして、その思想統制に利用されるのが、政治的意図を持った宣伝活動――いわゆるプロパガンダと呼ばれるものだ。

戦意高揚《せんいこうよう》のためにこのプロパガンダを巧みに利用した国の一つに、第二次世界大戦でのナチスドイツがあげられる。ナチスのプロパガンダで特徴的なのは、書籍や新聞、ポスターなど旧来のメディアに加え、ラジオや映画といった、当時としては目新しいメディアを活用した点である。特に、大量生産され低価格で販売された

「国民ラジオ」の存在が、ナチスのプロパガンダに果たした役割は大きかった。

わが日本でも、太平洋戦争などの折には様々な形でプロパガンダがなされている。そんなプロパガンダの中でも、本稿では「従軍画家《じゅうぐん》」を取り上げてみたいと思う。

従軍画家とは、文字通り兵隊の一員として戦地に赴《おもむ》き、国民の戦意高揚につながるような戦争画を描かされた画家を指す。本格的には昭和十二年（一九三七年）に勃発《ぼっぱつ》した日中戦争と同時に始まっており、太平洋戦争が終結するまで存続した。

この当時、少しでも名が通った職業画家であればほぼ例外なく経験しており、終戦までにのべ五千点もの戦争画が描かれたという。一体、当時の画家たちはどんな思いで従軍し、絵を制作したのだろうか。さらに、制作された絵は軍部によってどのように利用され、終戦後どこへ行ったのだろうか。そのあたりの謎に迫った。

▼有名・無名を問わず従軍画家に参加

戦争画は正式には「作戦記録画」と呼ばれた。主には戦闘場面をはじめとして、軍艦や戦闘機、戦車を題材にしたものや戦地での兵士の何気ない日常などを題材とした絵画を指す。内容的には、このたびの戦争が「聖戦」であることを国民に知らしめ、さらにひと目で戦意高揚につながる絵柄が要求された。そうなると自然、日本画よりも迫真性《リアリティー》を表現しやすい洋画（油彩画）が主力となった。

最初に従軍画家が戦地に派遣されたのは前述したように日中戦争からで、戦争勃発から約九カ月後の昭和十三年四月のことだった。このときは中村研一《けんいち》、向井潤《じゅん》吉《きち》、小磯良平《こいそりょうへい》、脇田和《かず》ら八人の洋画家が中国に渡っている。いずれも当時の日本の洋画界では第一線級の顔ぶれだった。

その後、「大日本陸軍従軍画家協会」（のちに「陸軍美術協会」に改称）が結成されると海軍でもその動きに追従するようになり、競うように画家たちを戦地（中国や東南アジア諸国、インド方面、南太平洋など）に派遣した。

その中には藤島武二《たけじ》、川端龍子《りゅうし》、鶴田吾郎、藤田嗣治《つぐはる》、宮本三郎、猪熊弦一郎《いのくまげんいちろう》、清水登之《とし》、山口蓬春《ほうしゅん》、小早川秋聲《しゅうせい》ら有名画家だけでなく無名の画家も多くいて、のべ人数では一千人を超えていたのではないかと言われている。これほど大勢の画家が戦争の記録係として他国に渡った例は海外にもないことだった。

▼わが父や夫、息子、兄弟の消息を知るために

軍部ではこうして画家に描かせた絵を集めると、美術館などで展覧会を催し、一般に公開した。その「第一回聖戦美術展覧会」が東京都美術館（当時は東京府美術館）で開かれたのは昭和十四年七月のことで、陸軍美術協会と朝日新聞社の共催だった。この展覧会では藤島武二作『蘇州《そしゅう》河《が》激戦の跡』など約三百五十点が出品されている。

その後も同様の展覧会が各地の美術館や学校などで催されたほか、軍部の意向を受けて戦争画に限定した画集やグラフ雑誌も多く出版されたという。

こうした展覧会はどこでも盛況で、雑誌もよく売れた。これは純粋に美術を鑑賞しようとした人が多かったからではない。この当時、新聞やラジオで知る戦地の情報は限定的で詳しいことは一般庶民にまで届かなかった。そのため異国で戦っているわが父や夫、息子、兄弟、友人のことが心配になり、何でもいいので戦地の様子を知りたいと願い、結果的にこうした展覧会に足を運んだり雑誌を買ったりしたのである。

このころの戦争画には、傑作と評価された作品も少なくない。いくつかあげると、小磯良平作の『南京《なんきん》中華門の戦闘』や『娘子関《じょうしかん》を征《ゆ》く』、鹿子木《かのこぎ》孟郎《たけしろう》作『南京入城』、宮本三郎作『山下、パーシバル両司令官会見図』、中村研一作の『コタ・バル』や『マレー沖海戦』などがある。しかし、中にはこれで本当に戦意高揚につながるのかと疑問を持たざるを得ない作品も見受けられる。

▼戦争の悲惨さ、愚かさを伝える

たとえば、小早川秋聲の『國之楯《くにのたて》』という作品がある。黒い画面いっぱいに軍服を着た日本兵が、手を胸の前で組んで横たわっている。顔には出征旗《しゅっせいばた》（日章旗《にっしょうき》）が被《かぶ》せられていることから、兵士はすでに亡くなっていることがわかる。仲間の兵士が死を悼《いた》んでいるところか、はたまた荼毘《だび》に付《ふ》される直前の情景を描いたものであろうか。

作者の小早川は鳥取県日野町で僧侶の子として生まれた。「僧籍を持った陸軍中尉」という異色の経歴の画家だった。この『國之楯』に対し軍は受け取りを拒否したという。しかし見方を変えれば、画面から人間の死の荘厳《そうごん》さと、それに相反する戦争の悲惨さ、愚かさが惻々《そくそく》として人の胸を打つ傑作と言ってよい。

一方、藤田嗣治の『アッツ島玉砕』も戦意高揚とはかけ離れた作品だ。昭和十八年五月、米国アラスカ州のアリューシャン列島西端にあるアッツ島で行われた日米決戦が題材になっている。島を占領していた日本軍に対し米国軍が上陸して襲いかかり、十七日間に及ぶ激戦が繰り広げられた。

日本軍はよく奮戦したが物資不足は如何《いかん》ともしがたく、ついには敗北。日本側の戦死者は二千六百三十八人(米国軍側は約六百人)を数え、日本軍で捕虜として生き残ったのはわずか二十七人。生存率は一パーセントに過ぎなかった。軍部(大本営)はこのときの敗戦を国民に伝えるために、初めて「玉砕《ぎょくさい》」(玉が美しく砕けるように潔《いさぎよ》く死ぬことの意)という美化された表現を使ったことでも知られている。

▼戦死した人々のための鎮魂の絵

このアッツ島の激戦を主題にしたのが藤田の『アッツ島玉砕』である。縦百九十四センチメートル、横二百六十センチメートルという巨大な画布の全面に、武器を手にした大勢の兵士が押し合い圧《へ》し合いして絡《から》み合い、殺す者・殺される者、どちらが日本兵か米国兵かすぐに区別がつかないほどの混乱ぶりを呈していた。

作品が発表されたのは玉砕が起こった同じ昭和十八年の九月のことで、これほどの大作をごく短期間に仕上げたことがわかる(むろん藤田はこの戦闘に従軍していない)。このころになると戦争画の多くは実際の戦況の悪化を反映してか、初期のころと違って殺伐《さつばつ》としたものに様変わりしていた。『アッツ島玉砕』はその典型だった。

不思議なことに展覧会場にはいつもこの絵の前に賽銭箱《さいせんばこ》が置かれていたという。大画面から受ける、肉体と肉体がぶつかり合う躍動感に気圧《けお》されると同時に、この絵が戦争画の名をかりた、すべての戦死者のための鎮魂《ちんこん》の絵——宗教画であることを理解し、思わず絵の前で叩頭《ぬかず》き、手を合わせる人が絶えなかったからである。

藤田嗣治は明治十九年(一八八六年)、現在の東京都新宿区で医者の子として誕生した。東京美術学校(現在の東京芸術大学美術学部)西洋画科を経て、大正二年(一九一三年)、二十七歳で渡仏、パリでの画家生活をスタートする。

第一次世界大戦が終結(一九一八年)したあたりにはすでに藤田はパリ画壇の寵《ちょう》児《じ》ともてはやされるほど、人気画家の仲間入りを果たしていたという。

▼藤田、日本に捨てられる

藤田は故国日本で戦争の気配が色濃くなってきた昭和八年(一九三三年)に帰国。

その後、太平洋戦争に突入すると、陸軍美術協会理事長に就任する。

これは当時、日本の洋画家の中でも藤田は実力・名声ともに抜きん出ていたこともあるが、藤田の父嗣章《つぐあきら》は陸軍の軍医のトップにまでのぼりつめたほどの人物だった。さらに一つ違いの兄嗣雄《つぐお》は陸軍省に在籍する法制史学者であり、陸軍大将児玉《こだま》源太郎《げんたろう》の四女と結婚していた。つまり、藤田の周囲には陸軍関係者（それも上級の）が多く、日本の従軍画家のまとめ役としては彼以上の適任はいなかったのである。

しかし、のちにこのことが藤田を苦しめることになった。終戦後、藤田は「積極的な戦争協力者」のレッテルをはられてしまい、かつて仲間だったはずの洋画家たちからも「お前が全部責任をとれ」と言わんばかりに指弾《しだん》される。あげくにはGHQ（連合国軍最高司令部）から聴取《ちょうしゅ》まで受ける始末だった。

こうした状況に耐えきれなくなった藤田は、日本を捨てフランスに移住することを決意する。昭和二十四年、六十三歳のときだ。その後藤田は二度と故国の土を踏むことなく、一九六八年（昭和四十三年）にスイスで亡くなった。享年八十一。七十三歳のときにはカトリックの洗礼を受け、以来、レオナール・フジタを名乗っている。藤田は日本を去るとき、こう言い残したという。

「私が日本を捨てたのではない。日本に捨てられたのだ」

▼作品の大半が空襲で焼失

この藤田嗣治や小早川秋聲の作品からもわかるように、従軍画家たちは自分たちが軍部のプロパガンダに利用されていることをけっして喜んでいたわけではなかった。従軍画家のほとんどが、当時のことを自らの「黒歴史」と捉《とら》え、その当時自分の描いた絵が戦後になって公開されるのを拒《こば》んでいたということからも、それは明らかである。彼らは「非国民」扱いを受けないために仕方なく軍部に協力していたのである。そんな彼らを誰が責めることができようか。誰にもできないはずである。

ところで、のべ五千点とも言われるこうした戦争画はその後どうなったのだろうか。実はその大半が空襲で焼失してしまった。残った物はGHQが接収《せっしゅう》し、接収から逃れた物は地方の美術館などが保管した。

個人の場合、絵を持っていることで戦争協力者と見なされてしまうのを怖《おそ》れ、焼かれた例も多かったという。しかしそれでも、焼却するに忍《しの》びず、画家の関係者や地方在住の収集家《コレクター》が密《ひそ》かに今日まで所蔵している例は少なくないと見られている。

現在、最もまとまった数の戦争画を保管しているのが、東京・北の丸公園内にある東京国立近代美術館である。のべ百五十三点を数え、その約八割が油彩画だ。このうち最も多いのが藤田嗣治の十四点で、二位以下は中村研一九点、宮本三郎七点、小磯良平五点……と続く。これらの絵は過去に全面公開されたことはなく、しかも全体の約六割までが未公開作品だという。

◇

東京国立近代美術館が保管しているこれらの戦争画は、GHQが戦後すぐに関係者から接収したものだ。その後アメリカに運ばれ、しばらくはかの地で保管されていたのだが、その後日本政府の要請により、昭和四十五年（一九七〇年）に一括して「無期限貸与《たいよ》」という形で返還されたという経緯《いきさつ》がある。

太平洋戦争後、進駐軍に没収された「日本刀」の数奇な運命とは？

▼廃刀令で武士の魂を奪われる

日本の歴史上、そのときどきの権力者によって、一般庶民から武器を取り上げる、いわゆる「刀狩り」が鎌倉時代以降、何度となく行われてきた。なかでもよく知られているのが、安土桃山《あづちももやま》時代に豊臣秀吉《とよとみひでよし》が行ったケースである。

この秀吉が行った刀狩り以外に、明治維新期の「廃刀令《はいとうれい》」というのもある。このときは主に士族（旧武士階級）が対象だった。禄《ろく》を失って不安と不満を抱えていた士族たちはこの廃刀令に対し、「武士の魂まで奪うつもりか」と反発。このことがきっかけとなり、各地で士族たちが新政府に反乱を起こすようになったと言われている。

しかしながら、この明治の廃刀令は帯刀《たいとう》こそ禁じたが、没収されたり所有まで禁じられたりしたわけではなかった。日本刀にとってはまだ生き残る道が残されていたのだ。ところが、太平洋戦争の敗戦直後に日本刀剣史上、最大・最悪の悲劇が訪れる。なんと、家にある刀が残らず没収され、所有まで厳しく禁じられたのである。

▼拒めば牢屋に放り込まれる？

それは、当時日本を占領《せんりょう》していたGHQ（連合国軍最高司令部、進駐軍とも）のしわざだった。このとき日本にあった三百万本もの刀が進駐軍によって没収（この当時は「接収《せっしゅう》」という表現を使った）されたという。その後、接収された大量の刀は一体どうなったのだろうか。当時、日本刀の保護のため粘り強く進駐軍と渡り合った日本政府関係者の努力をまじえてそのあたりを語ってみたい。

昭和二十年（一九四五年）八月、太平洋戦争で敗北した日本は進駐軍の占領下に入った。以来、進駐軍は日本政府と日本国民を骨抜きにするための占領政策を次々と押し付けてきた。翌九月、武装解除を徹底させるために日本人が所有している刀剣類を十月末日までにすべて進駐軍に差し出すよう命じたのもそうした政策の一環だった。これこそ「昭和の刀狩り」であった。

こうして各地の警察署を通じて一般家庭から刀が集められ、進駐軍が管理する倉庫にどんどん運び込まれた。なかには先祖伝来の家宝だからと手放すことを拒《こば》む者もいたが、警官から「それなら牢屋《ろうや》に放り込むぞ」と脅《おど》され、渋々従ったという。

また、刀を隠し持っていると、鬼より怖い進駐軍が金属探知器を持ってやって来て家中をくまなく探索されるとか、命令に従わなければ銃殺されるとかいう、まことしやかな噂が流れたこともあり、刀の所有者は泣く泣く手放したようである。

▼日本刀に襲いかかる悲劇の数々

所有していた人たちの中には、むざむざ進駐軍に横取りされるくらいならと、自分の手で刀身を叩き折ってしまう者も少なくなかった。また、回収基準以下の長さになるよう刀身を折って小刀にする者、近所の鍛冶屋に持ち込んで鉈《なた》や鎌《かま》などに造りかえる者もいた。なんとも涙ぐましい話である。

このように元の姿に手を加えることが嫌な人たちは、刀を土中に埋めて隠したという。しかし、あとで掘り返すと、湿気によって刀身にひどい錆《さ》びが生じていて、使い物にならなくなっていた。この当時、こうした所有者側の判断や過失によって失われた刀だけでも何千本とあったらしい。失われた刀の中には国宝級や重要文化財級の物も珍しくなかったという。

それはともかく、進駐軍によって集められた三百万本とも言われる日本刀のその後だが、見るからに拵《こしら》え（外装）が華やかな刀は、進駐軍兵士が勝手に自分の物とし、母国に戦利品として持ち帰ってしまった。拵えの地味な刀は彼らには価値が低い物と見なされ、広場にまとめて積み上げたうえで、ガソリンをかけて焼却処分にされた。

やがてその作業も後始末が面倒だとなり、鉄道レールの材料に回されて溶かされたり、船で外洋まで運搬され、海中にドサドサと投棄《とうき》されたりしたという。

▼「日本刀は軍国主義の象徴」と進駐軍

太平洋戦争前の調査によると、日本国民全体でざっと五百万本の刀を所有していたという。ということはこの時代、日本にあった刀全体の半分以上が進駐軍によって廃棄処分にされたり、略奪《りゃくだつ》されたりしたことになる。

日本政府はこうした進駐軍の強引なやり方に、敗戦国の悲しさで最初こそ涙をのんで黙認していたが、やがてどうしても我慢できなくなり、日本刀接収の即時中止を求め、こう主張した。

「日本刀はたんに武器ではない。もちろん戦《いくさ》に使うことを想定した実用刀剣も多いが、優れた日本刀は神社の御神体となるくらいで日本人の魂であり、家代々受け継がれる家宝でもある。接収してごみのように廃棄するような真似はどうかやめて頂きたい」

最初、進駐軍側はまったく聞き入れなかった。「刀は武器以外の何物でもなく、軍国主義の象徴である。これを放置するわけにはいかない」との一点張りだった。しかしそれでも日本側は粘り強く交渉を重ねた結果、ついに進駐軍側も譲歩した。十月二十四日になり進駐軍側から、「善意の日本人が所有する美術・骨董品として価値のある日本刀に限り、審査のうえで保管を許可する」という通達が出されたのだ。しかしその後、この通達によって保護されたのは一部の刀剣で、依然として多くの刀剣が焼却されたり海に投棄されたり、あるいは略奪されたりしたという。

▼美術・骨董品としての新たな道を

日本刀の接収の心配をほぼしなくてよくなったのは昭和二十一年六月以降のことで、それまで進駐軍側にあった日本刀の審査権と所持許可権が日本の内務省に移り、内務大臣の任命した刀剣審査委員会が発足してからであった。

ところが翌昭和二十二年になり、進駐軍が管理する東京・赤羽の倉庫に二十万本を超える刀剣類が保管されていることがわかり、このうち一部の美術的価値が高い物に限って日本側に返還されたが、価値が低いと判定されたその他大多数は進駐軍の指示で廃棄されたという。まだまだ進駐軍は二十万本すべてをそっくり返還するほど日本人を信用していなかったのだろう。

廃棄を免《まぬか》れた一部の刀剣は「赤羽刀」と呼ばれた。全部で五千六百本（異説あり）ほどあり、所有者のわかる物はその人物に返却されたが残った四千五百本余りは国の所有として東京国立博物館の収蔵庫に収められたという。

こうしてギリギリのところで日本刀は命脈をつなぐことができたのであった。その後、日本刀は美術・骨董品としての新たな道を歩み始めたのはご存じのとおり。

■主な参考文献（順不同）

『日本書紀　全現代語訳　上・下』（宇治谷孟訳／講談社）、『信濃の風土と歴史③』（長野県立歴史館）、『鳳慈尾山大威徳寺跡　平成15～18年度範囲確認調査報告書』（下呂市教育委員会）、『源頼朝―武家政治の創始者』（元木泰雄著／中公新書）、『歴史群像シリーズ　デラックス2　よみがえる真説安土城』（三浦正幸監修／学研プラス）、『完訳フロイス日本史②　信長とフロイス　織田信長篇Ⅱ』（ルイス・フロイス著、松田毅一・川崎桃太訳／中公文庫）、『信長公記』（和田裕弘著／中公新書）、『京都新城発掘調査広報発表資料』（公益財団法人　京都市埋蔵文化財研究所）、『秀吉と家臣団の城』（中井均著／KADOKAWA）、『千利休』（村井康彦著／講談社学術文庫）、『歴史群像デジタルアーカイブス　大坂の陣までの軌跡「巌流島の決闘」「方広寺鐘銘事件発生」』（渡辺誠著／学研）、『歴史読本　徹底解析　信長・秀吉・家康の城』（KADOKAWA）、『歴史群像シリーズ　よみがえる日本の城21　肥前名護屋城』（学研プラス）、『ウイリアム・アダムス―家康に愛された男・三浦按針』（フレデリック・クレインス著／ちくま新書）、『吉備考古ライブラリィ　草戸千軒』（岩本正二著／吉備人出版）、『史伝山田長政』（小和田哲男著／学研M文庫）、『「生類憐みの令」の真実』（仁科邦男著／草思社）、『将軍吉宗のわがまま　江戸1300キロ象の旅』（NHK「歴史秘話ヒストリア」＝2018年11月14日放送）、『享保十四年、象、江戸へゆく』（和田実著／岩田書院）、『出島　異文化交流の舞台』（片桐一男著／集英社新書）、『日本船舶海洋工学会講演会論文集第30号　海事遺産としての軍艦開陽丸の特徴について』（正会員・庄司邦昭著）、『幕末軍艦咸臨丸』（文倉平次郎著／中公文庫）、『新人物文庫　ここまでわかった！　新選組の謎』（KADOKAWA）、『新潮日本美術文庫　黒田清輝』（新潮社）、『Voice s「戦争画批判」の真実Ⅰ・Ⅱ』（水間政憲著／PHP研究所）、『刀狩り　武器を封印した民衆』（藤木久志著／岩波新書）、『日本全史』（講談社）ほか

青春文庫

日本史《にほんし》〝その後《ご》〟の運命《うんめい》

本当《ほんとう》にあった21のストーリー

2022年 3 月20日 第 1 刷

著　者　新《あらた》　晴《はる》正《まさ》

発行者　小澤源太郎

責任編集　株式会社プライム涌光

発行所　株式会社青春出版社

〒162-0056 東京都新宿区若松町 12-1
電話 03-3203-2850（編集部）
03-3207-1916（営業部）
振替番号 00190-7-98602

印刷／中央精版印刷
製本／フォーネット社

ISBN 978-4-413-09799-4

ほんとうのあなたに出逢う ◆ 青春文庫

言いたいことを、人を動かす〝ことば〟に変える
すごい言い換え700語
話題の達人倶楽部［編］
「ダメだなあ」より「もったいない！」、「新鮮野菜」より「朝採れ野菜」…これは絶妙！　結果につながる言葉の使い方！
(SE-796)

図説 仏教の世界を歩く！
日本の仏
速水　侑［監修］
釈迦如来、弥勒菩薩、不動明王、帝釈天、僧形八幡神…その姿・形が表す意味とご利益—イラストとあらすじで、よくわかる！
(SE-797)

ダイエットカウンセラーが教える
お酒を飲んでも太らないうまい食べ方
伊達友美
いつものメニューに「この一品」をプラスして「やせ体質」に！　7000人の体と心を変えた伊達式「プラス栄養メソッド」を大公開
(SE-798)

日本史〝その後〟の運命
本当にあった21のストーリー
新　晴正
〝事件〟の後に、まさかの結末—飛騨の山中に源頼朝が建立した「巨大寺院」のその後ほか、通説では解けない衝撃のラストに迫る！
(SE-799)